以和至美

新苑小学『和文化』办学实践

张　恒◎编著

安徽师范大学出版社
ANHUI NORMAL UNIVERSITY PRESS

·芜湖·

图书在版编目（CIP）数据

以和至美：新苑小学"和文化"办学实践 / 张恒编著.

芜湖：安徽师范大学出版社，2024.12. -- ISBN 978-7-5676-6958-1

Ⅰ.G62

中国国家版本馆CIP数据核字第20249W3B09号

以和至美：新苑小学"和文化"办学实践　　　　　　　　　张 恒◎编著

责任编辑：夏珊珊	责任校对：吴俊瑶
装帧设计：王晴晴　汤彬彬	责任印制：桑国磊

出版发行：安徽师范大学出版社

　　　　　芜湖市北京中路2号安徽师范大学赭山校区　　　邮政编码：241000

网　　　址：https://press.ahnu.edu.cn

发 行 部：0553-3883578　5910327　5910310（传真）

印　　　刷：苏州市古得堡数码印刷有限公司

版　　　次：2024年12月第1版

印　　　次：2024年12月第1次印刷

规　　　格：700 mm × 1000 mm　　　1/16

印　　　张：13

字　　　数：190千字

书　　　号：978-7-5676-6958-1

定　　　价：49.80元

凡发现图书有质量问题，请与我社联系（联系电话：0553-5910315）

序

百年风雨沧桑路
培根立德为人民

一隅之地，衡水市新苑小学历经125年的风雨沧桑，守文脉志不渝，教百姓意坚定，变化的是岁月，不变的是情怀。在这片杏坛上，书声琅琅，传承着中华民族的传统与经典，绽放出强烈的华夏精神。

衡水市新苑小学的历史可以追溯到清朝光绪二十四年（1898年），它是衡水县（现衡水市）最早的公立初等小学堂，由颇具声望的县知事俞兰元创办，他深切关心当地的小学教育。在康有为倡导资产阶级改革之际，俞兰元表示了支持，并积极宣传废除科举制度和建立新教育体制的思想。1898年，俞兰元在疙瘩头村建立了衡水县第一所公办的新式初等小学堂，名为"疙瘩头初等小学堂"，后来更名为"疙瘩头初等小学校"。最初的校长由吴相亭、何善斋、吴秋帆和侯白华担任。创校之初，校内有40余名学生，课程设置涵盖语文、算术、修身、常识、音乐、体操、习字等。学校每学期期中和期末均举行一次考试，并由县教育局督学，不定期进行学生会考。学校不休息，但会根据农忙适当放假，以便学生参与秋收劳动。

在抗日战争和解放战争时期，尽管学校经历了诸多曲折，却始终是当地的一盏明灯，照亮着民众的心，传承着教育民众、培养后代的使命。1949年后，学校在党的关怀下正式更名为"疙瘩头小学"，承担了为新中国培养建设者的重要使命。1997年，学校更名为"新苑小学"。20多年来，新苑小学经历了"求和""尊和"的发展历程，始终坚守初心，在"尚和"之路上奋发向前。1997年到2010年是新苑小学探索和成长的阶段。这13年，学校共经历了3任校长，他们以建设高效课堂为切入点，努力提升全体教师的业务素质，鼓励教师用爱心感化学生。学校在区教育局的带领下开展了一系列活动，积极进行德育教育、排练大型团体操、组织学生美术和书法大赛，逐步提出了"开放、规范、发展"的办学理念，使学校自身的发展与学生的成长迈上了新台阶。学校先后获得桃城区素质教育先进单位、衡水市文明单位、衡水市文明校园等荣誉。然而，当时学校与周边社会环境之间、领导与教师之间、中层领导与校级领导之间、家庭与学校之间的沟通并不顺畅，急需找到一条和谐发展的道路。

2010年，我担任新苑小学党支部书记兼校长，主张以"和文化"立校，致力于建设有思想的学校，实践有价值的教育，培养全面发展的学生。学校追求适合学生全面发展的高品位文化建设，以"和"为核心价值观，秉承"幸福工作，快乐成长"的办学理念，践行"以和至美，和而不同"的校训，逐步形成了"尊重赏识，知心会爱"的教风和"自主求真，合作分享"的学风，让学生学会做人、做事、学习、生活与创新，使学校成为学生成长的福地。

学校立足于发展学生的综合素养，既重视基础课程的教学，又开发了基础型、发展型和拓展型的三级校本课程，并邀请市、区两级教研室的教研员驻校，指导和推动课堂教学改革，打造自主合作课堂。为了促进学生的个性发展，学校根据学生的兴趣与特长，依托各功能教室，通过挖掘教师资源、整合社会力量，与衡水学院合作创办了28个学生社团，成立了"新苑小学体育俱乐部"。

为加强未成年人思想道德教育，学校注重家长学校的建设：一方面与家长交流不同年龄段学生所面临的问题；另一方面充分依托社会志愿者组织家长资源，开发德育教育基地，开展丰富多彩的社会实践活动。

近年来，在各级领导的关怀和学校的不懈努力下，学校多次获得省市级奖励，师生们在国家级和省市级比赛中也屡获佳绩。此外，学校还得到了北京师范大学、天津师范大学、河北师范大学等高等院校专家教授的专业指导。学校逐步迈进了崭新的发展阶段。入得芝兰室，沁得满身香。踏入新苑小学自由、快乐、和谐的校园，你会被新苑小学的精神所感染，被新苑小学的正能量所激励，久久回味教育的美好。

衡水市新苑小学校长 张恒

2023 年 11 月 6 日

序 百年风雨沧桑路 培根立德为人民

目　录

第一篇　和衷共济校园新···001

办有思想的学校,做有价值的教育······································003

困难铸就上进,反思助力成长···026

用新发展理念助推学校教育高质量发展·····························032

党建工作引领办学方向,思政课程厚植理想信念——新苑小学"和润"

　　德育教育成果简介···041

用镜头记录美好,用榜样传递美德·····································049

涵养"和文化",树师德品牌···054

众筹共建,"和"育未来——学校、家庭、社会协同育人的实践研究·····058

新苑小学体育教育概况··064

勠力同心,共育未来··067

辛勤耕耘,热切守望··073

第二篇　和而不同教研明···079

新苑小学"N+3"校本教研模式··081

新苑小学自主合作课堂介绍 ……………………………………083

社团中锻炼，快乐中成长 ………………………………………085

新苑小学美育工作 ………………………………………………089

扎根古典文化，传承优良品行 …………………………………094

减负提质，点亮童年 ……………………………………………098

"双减""双增"，体育先行 ……………………………………105

第三篇　心正气和教学活 ………………………………………111

学科教学融文脉，校园文化入诗篇 ……………………………113

课程改革下的小学语文教学方法转变 …………………………120

情境作文教学点滴探讨 …………………………………………123

让计算教学成为学生的"乐苑"——基于小学计算教学的思考 ……128

第四篇　师生和谐情意浓 ………………………………………133

带着爱心做教育 …………………………………………………135

教师是太阳底下最光辉的事业 …………………………………137

衣带渐宽终不悔 …………………………………………………139

沐浴阳光 …………………………………………………………142

我的青春如此飞扬 ………………………………………………145

一直在路上 ………………………………………………………149

心中最美的诗篇 …………………………………………………151

批评的艺术 ………………………………………………………153

付出爱，幸福满满 ………………………………………………155

师生情深 …………………………………………………………158

最爱是天然 ………………………………………………………160

学生快乐，为师心愿 ……………………………………………162

一起走来的日子 ……………………………………………………165

淡化缺点,促其成长 ………………………………………………167

心有感恩,满枝幸福 ………………………………………………169

班主任工作随笔 ……………………………………………………171

阳光少年,善行故事 ………………………………………………173

以兴趣引导学习 ……………………………………………………175

小干部,大舞台 ……………………………………………………177

教给学生尊重 ………………………………………………………180

花儿朵朵开 …………………………………………………………183

爱需睿智 ……………………………………………………………186

静听花开的声音 ……………………………………………………188

用智慧塑造阳光少年 ………………………………………………191

关于如何做好学生道德教育的几点思考 …………………………193

后记　幸福路上,我们结伴而行……………………………………196

第一篇　和衷共济校园新

办有思想的学校，做有价值的教育

张 恒

什么是教育？教育帮助人们在这个世界上更好地生存与成长，让生活的色彩更加斑斓。通过教育的熏陶，我们认识自我，理解所知及未知的一切，真实地感受这个世界的脉搏。因此，教育是一把开启认知之门的钥匙，也是伴随我们成长的重要课题。

在教育的田野里，我已耕耘了28年。我一直在学习与实践中探索教育的真谛，这也将是我一生的使命。

一、新时代背景下对教育的理解

（一）"为党育人、为国育才"是教育的根本目的

我们在办教育时，首先需要明确"培养什么样的人、如何培养人以及为谁培养人"这一核心问题。在教育实践中，我们始终坚持党的领导，高举党建引领大旗，就是在回答这个问题。习近平总书记指出，党性和人民性从来都是一致的、统一的①。这为我们的教育理论体系建设指明了方向。

我们的教育理论体系建设必须始终以人民为中心，忠诚于党和人民

①《习近平谈治国理政》（第一卷），外文出版社，2018年版，第154页。

的教育事业。通过党建工作，确保教育理论体系建设的发展方向与党和人民的需求紧密结合。

同时，在构建教育理论体系时，我们还应重视中华优秀传统文化的传承与创新，弘扬社会主义核心价值观，坚定走中国特色社会主义道路，以培养更多国家和社会需要的栋梁之材，为实现中华民族伟大复兴贡献力量。

在这个过程中，我们必须始终保持清醒的头脑，牢记"为党育人、为国育才"的根本目的，不断创新教育方式和方法，与时俱进，推动教育理念与方法的革新，更好地为人民服务。

（二）用"新发展理念"推进教育高质量发展

党的十八届五中全会提出了必须坚持以人民为中心的发展思想，还提出了创新、协调、绿色、开放、共享的新发展理念。

如何用"新发展理念"指引教育事业的发展呢？我认为可以从以下几个方面入手：第一，将"创新"理念融入教育工作，更新教育观念，与时俱进；第二，将"协调"理念融入教育工作，结合环境与机遇，尊重个人需求，实现"适合"的教育；第三，将"绿色"理念融入教育工作，着眼长远，实现可持续发展的教育；第四，将"开放"理念融入教育工作，保持开放包容的心态，学习交流，增长见识；第五，将"共享"理念融入教育工作，积极面向社会，分享教育成果与经验，推动教育高质量发展。

因此，以"新发展理念"为指引的高质量教育，应遵循教育发展规律和人的成长规律，为人的发展提供合适的教育教学服务，构建适合其成长的"教育生态"。在此基础上，我们经过长期的实践与总结，逐步构建起新苑小学以"和文化"为核心的"教育生态"。

二、新苑"和文化"的形成与实践

（一）传统文化的积淀

"和"字蕴含着五味调和、八音和谐的深刻意义，它不仅体现了"和谐"与"协调"，还蕴含"合作"的理念。它象征着多元共生的和谐状态，是矛盾多样性的统一。

"和文化"主要体现在以下几个方面。首先是"和而不同"的人格理想。《论语·子路》中提到："君子和而不同，小人同而不和。"其次是"中和"的处事方法。《中庸》指出："喜怒哀乐之未发，谓之中；发而皆中节，谓之和。中也者，天下之大本也；和也者，天下之达道也。致中和，天地位焉，万物育焉。"最后是"和为贵"的价值取向。《论语·学而》中提到："礼之用，和为贵。先王之道，斯为美，小大由之。有所不行，知和而和，不以礼节之，亦不可行也。"这表明孔子将"礼"与"和"相结合，强调了和为贵的价值导向。

战国时期，儒家的"和文化"理论得到了进一步发展。《孟子·公孙丑下》提出："天时不如地利，地利不如人和。"《荀子·王制》则强调："故义以分则和，和则一，一则多力，多力则强，强则胜物。"

西汉时期，董仲舒提出"罢黜百家，独尊儒术"，推动了儒家学说的进一步发展。他指出："中者，天下之所终始也；而和者，天地之所生成也。夫德莫大于和，而道莫正于中……"将"和"的概念提升到德的层面。宋代的朱熹进一步提出"人之始生，得之于天；即生此人，则天又在人矣"，深化了"和文化"的内涵。

在博大精深的中华文化中，"和文化"主要涵盖了以下几方面内容：天下为公、选贤育能、讲信修睦的大同社会理想；和而不同、兼容并蓄的文化观；德主刑辅的治理观；仁者爱人、推己及人的道德观；修身正己、以德化人的教育观；恒产与平均的经济公平观；以义统利、群己和谐的社会伦理观；国家统一、协和万邦的民族国家观；天人合一的自然观等。"和文化"关注个体的身心和谐、群体的人际和谐、人与社会的和谐以及人与自然的和谐。当今，"和为贵""和衷共济"等"和文化"思想已深深植根于我们的精神世界。

"和文化"同样是学校文化建设的重要形态。它既体现在学校文化的内在精神中，也体现在外在秩序的维护上，始终代表着学校文化的价值追求。"和而不同，和谐发展"意味着：教师之间和谐互学、学生之间和谐共处、师生之间和谐共长、家校之间和谐互助，以及人与环境之间的和谐共生。

（二）管理思想的融合

老子提出"无为而治"，其原意是指通过不刻意作为的方式来实现国家的治理。新苑小学也秉持"无为而治"的治校理念。学校的"无为"着眼于顺应教师、学生及其家长的智慧与创造性思想，而"治"则意味着以文化来陶冶人心，追求和谐发展。

我国学校走向内涵发展的历程总体上呈现为"由政府主导到学校主动追求的主体转换、由规模扩张到质量提升的主题变迁、由注重硬件建设到关注内部能量建构的重心转移"[①]。从外延式发展转向内涵式发展已成为我国中小学改革的主旋律。内涵式发展的关键在于学校文化建设，这是学校的价值核心。因为一所学校的文化建设是其管理理念的灵魂，它能够凝聚师生的发展愿景，引领学校的改革与发展方向，进而提升教育品质。

新苑小学融合"和"的"天人合一"与"和谐"思想，重视培养学生与学生、学生与教师、学生与社会、学生与自然的协调一致关系；融入"和"的"仁者爱人"思想，倡导学生崇尚礼义，学会包容万物，学会宽厚爱人；融合"和"的"以德化人"思想，要求学生修身正己，以德滋润心灵，润化行为；融合"和"的"和而不同、兼容并蓄"思想，

---

① 周靖毅、王牧华：《学校内涵发展的嬗变与路径选择》，《当代教育科学》2015年第6期。

承认个体差异与多样性，不排斥矛盾与冲突，实现更高层次的统一与协调，促进学生的多样化发展。学校赋予教师充分的自主性与选择权，为教师自主、能动、创造性地开展教育教学提供了重要支撑。同时，学校在管理上体现"去中心化"的特点，各个要素在相互作用、合作与协调中，形成和谐发展的格局，实现学校教育功能的最大化和最优化。

（三）人才发展的诉求

"和"是我国传统文化的重要内容，也是社会主义核心价值观的重要体现。"和文化"蕴含着天人合一的宇宙观、协和万邦的国际观、和而不同的社会观以及人心和善的道德观。

"和"是人才发展的必然需求。教育的使命在于帮助年轻一代自主构建"心灵秩序"，而这种秩序依赖于文化的建设与发展。"和文化"不仅能够丰富人的精神世界，增强人的精神力量，还能促进人的全面发展。我们应该建立人与人、人与自然以及自我身心之间的和谐关系，努力形成社会主义新型人际关系，争取"和平共处"，实现"共同发展"。我们培养的学生应具备适应终身发展和社会进步所需的核心素养，包括个人修养、社会关爱，以及家国情怀，同时应注重培养自主发展、善于合作、创新实践的关键能力。

（四）新苑"和文化"实践

1995 年，我从中专毕业，被分配至衡水市职业教育中心任教。1998 年至 2005 年，我先后在衡水市新苑小学、育才小学和牛佐小学担任副校长与党支部书记职务，负责教学管理、学生管理、德育及后勤服务等工作。2010 年 5 月，我担任新苑小学党支部书记兼校长。

多年的工作实践与学习交流，使我接触到各类学校的文化和教育理念。这让我能够从多个角度思考教育问题，并从不同视角审视管理方法，于是对教育也有了更深刻的理解。这些经历使我逐渐确定了新苑小学的办学思路。新苑小学坚守教育的初心，以"和"为核心价值，继承和弘扬"和文化"的精髓，在工作实践中不断探索与创新，挖掘"和文化"的现实意义，培育多元共生的和谐美好校园氛围，形成以新苑"和文化"为指导的办学思想。在工作期间，我通过"和聚"集聚教师智慧，使自主合作课堂模式逐渐成熟；通过"和通"构建家校和谐的关系；通过"和众"汇聚社会力量，初步建立了"家校社"三位一体的育人模式，开发出多元化的校本课程。

三、新苑"和文化"的内涵

（一）新苑"和文化"的概括

在长期的理论研究和实践中，我们将新苑"和文化"定义为：关注每一个学生，为其发展提供适合的教育和教学服务，构建适合其成长的教育生态。

好的教育是面向每一个人的，是关注和尊重个体的。无论背景、能力、兴趣或其他特点如何，每个人都应有机会接受适合自己的教育服务。这一教育生态为每位学习者提供适当的支持和资源，助力其在学习中获得成功，并实现个人发展。

好的教育要有一个好的生态环境。我们应在新时代的背景下来思考教育问题，教育应着眼于和谐发展，指向个人与自我、个人与他人、个人与事物之间的和谐发展。学校是一个平台，肩负着帮助师生共同成长的责任与使命。只有好的平台，才能吸引优秀人才，创造机遇与可能，实现更深层次的发展。

（二）新苑"和文化"的体系架构

1.办学理念：幸福工作，快乐成长

心态影响行为，行为决定结果。学校应为师生营造良好的环境，专注于提升师生的幸福感、获得感和满足感。

教师的幸福，是教育幸福，是教师职业道德的起点与归宿，主要体现在以下几个方面：享受职业、赢得尊严、获得学生爱戴、收获同行认可、超越自我。

学校为教师创造了幸福舒适的环境，教师在这样的工作环境里，内心也会盈溢着幸福。学校积极选派和组织教师参加各类培训与交流活动，拓展教师视野，通过同行间的交流提升认知、丰富知识，是"学，然后知不足"理念的体现；学校扎实开展集体备课、讲课、评课、赛课及课题研究等活动，既给教师们搭建展示才华与集体智慧的平台，又达到了"教然后知困……然后能自强"的效果；学校关爱教师的身心健康，定期订购书籍促进教师成长，利用教师节、妇女节等节日组织联欢活动，为教师提供开放的体育馆，丰富教师的文化与体育生活，让其体验到被接纳和尊重，使其获得幸福感。学校已经形成"乐学善教、开放悦纳、尊重合作"的新苑教师精神。

教师若感受到幸福，就会不自觉地将幸福传递给学生。教师带着幸福感去教育学生，就会让学生体会到关爱和温情，让学生也获得幸福感。当学生拥有幸福感时，他们会更加懂得感恩于他人与社会，逐步培养起"健康快乐、德美善学、自主分享"的品质。

2.办学目标：打造师生喜爱的优质学校

喜爱是幸福与快乐的象征，而打造让师生都喜爱的学校则是我们最质朴和最高的目标。这一办学目标实际是"幸福工作，快乐成长"理念在实践中的体现。

教师热爱自己的工作，教育才会充满生命力与创造力；学生喜欢学校生活，学习才会具备持久性与自主性。为建设优质学校，我们从以下几个方面着手：

第一，建设"民主型"学校。通过增强师生的主人翁意识，让大家在工作中感受到强烈的存在感和归属感。在学习或工作的过程中，让每位师生发挥自己的聪明才智，共同商议、集思广益。

第二，建设"开放型"学校。我们广泛吸收全国先进办学单位的经验，采纳社会、家庭和个体的建议，使得学校管理多元化，课程评价与结构更加丰富多样。学校定期邀请名校专家前来指导，让教师们有机会与专家面对面交流；同时，邀请著名儿童作家如沈石溪、晓玲叮当、汤素兰等走进课堂，通过他们帮助孩子们点燃对文学的热爱。

第三，建设"发展型"学校。学校教育需与时俱进，持续提升现代化水平，培养服务于社会发展、推动时代进步的建设者和接班人。我们通过"中国好老师"公益行动、北京大学游戏化课堂教学联盟、中国城市教育发展联盟等，引进先进教育思想，整合优质教育资源，为教师的专业成长创造机会，为学生的多元发展提供保障。

第四，建设"服务型"学校。我们秉持服务于党和国家、服务于社会与家庭、服务于教师和学生的理念，努力办好人民满意的教育。通过参加清华大学未来教育论坛、明远书院等学习培训活动，教师拓宽了视野，并树立了科学引领未来的思想。同时，我们邀请知名教授、学科名师走进校园，促进教师发展、更新教师教育观念，最终服务于学生的成长。为发展学生特长，促进其身心健康，我们建设了"和雅课程体系"，为学生的全面发展奠定基础。

3.办学愿景：办有思想的学校，做有价值的教育，成就和谐发展的人

国家发展需要创新型人才。我们必须从小在学生心中播种创新的种子，让其扎根于课堂、活动、管理和文化，从而培养出具有独立思考能力的学生。每个学生都是独立的个体，思想独立才能促进他们自主行动。在我们的学校中，自由、尊重、理解、包容和民主已成为核心文化。

我们的教育应激发学生的内在成长动力，使他们在面对"学海无涯"时勇往直前，使他们能够正确认识自我，确立发展方向，最终成为国家的优秀人才。这正是有价值的教育，亦是人民满意的教育。

学校是师生发展的平台，我们应整合一切社会力量，为师生提供发展的资源，为学生量身定制合适的教育。在日常管理中，我们要给予师

生自由与空间，在课程设置、活动组织、作业内容和学习过程中赋予他们自主权，激发他们的创造力与创新力。校长作为培育这种教育生态的第一责任人，其使命就是促进"和文化"在师生发展中得到最佳诠释。

4.育人目标：培养善思有为、和谐发展的人

善思是有为的前提，和谐发展是有为的助力。在培养优秀人才的过程中，我们强调学生自主人格的培养，为学生提供自由与空间，以发展他们善思的能力。"思"不仅指思想，更涵盖思辨与深入思考。拥有独立思考能力的学生，能够形成自己的认知；善于思辨的学生，能够分析和辨别不同观点，明辨是非；而具备深入思考能力的学生，则能够全面研究自我的潜力与发展方向。

和谐意味着能够合作、交流与适应。我们培养的是热爱生活、愿意美化生活的人才。合作与交流是实现目标、提升生活质量的智慧之举；而适应能力则使个体在环境变化中勇于实践、安心发展，避免焦躁与迷茫。

善思与和谐的人才能够更有作为与担当，敢于创新。他们具备整合与利用资源的能力，能够丰富自我、发展自我，并在修身助人中为社会的改善贡献力量。"培养善思有为、和谐发展的人"的育人目标，与"办有思想的学校，做有价值的教育，成就和谐发展的人"的办学愿景相辅相成，和谐统一。

5.一训三风

（1）校训：以和至美，和而不同。

"以和至美"寓意着共同愿景与真诚合作。在尊重个体差异的基础上，我们致力于建设一所有思想、有情怀的学校，让每位教师扎根于教学实践，追求教育梦想。师生之间、师师之间、生生之间都应和谐互信、互助互勉。在"和文化"的熏陶下，让"以和至美"的校训在每位新苑人的心中生根发芽，并体现在日常的言行中，促进各美其美、美美与共。

"和而不同"则强调求同存异，鼓励个性发展。新苑"和文化"倡

导尊重孩子的天性，发掘孩子的潜能，促进孩子自主心智的成长。我们鼓励教师各展所长，积极承担责任。我们为教师和学生创造自主合作、自我发展的空间，搭建百花齐放、百家争鸣的平台，让每位教师和学生都有机会绽放光彩。

（2）教风：尊重赏识，知心会爱。

尊重与赏识是新苑"和文化"的具体体现。学生是学校的主人，我们都是学生成长的服务者。新苑小学的教师怀着热爱教育的情怀，尊重学生的主体地位，通过语言、手势和微笑等方式，肯定每一位学生，理解并信任他们，尊重他们的个性，注重培养他们的兴趣与特长，给予他们自主发展的空间。

教育是一种陪伴。我们既是学生的知心朋友，倾听学生的心声，分担他们的痛苦，共享他们的快乐；我们又是关爱学生的老师，尊重学生的个性，让每一位学生都能享受到平等与快乐的教育。"尊重赏识，知心会爱"的教风在教与学的过程中凝聚，体现了新苑教师团队的德才与新苑"和文化"的内涵。

（3）学风：自主求真，合作分享。

新苑小学的教师与学生在治学精神、态度与方法上展现出独特的新苑"和文化"风格。学生们具备自主创新与主动学习的意识，在教育教学活动中努力做真实的自己、追求真知。在学校主题教育的引导下，他们诚实待人、敢做真事、善说真话。

在自主合作的课堂与实践活动中，提升学生自主探究、追求真理的认知，培养他们解决问题的能力与科学研究的精神，促使他们养成良好的品格；努力追求情感的真挚、思想的真实与品质的真诚。

通过合作探究，学生们学会了沟通与协作，学会了欣赏并采纳他人的意见，乐于分享彼此的成果与快乐。随着学校"和文化"的深入推进，必将对学校的发展产生深远影响，为学生的终身发展奠定坚实基础。

（4）校风：心随我愿，和融共进。

"心随我愿"是指让学生自由和执着地追求内心的梦想。在新苑"和文化"的引导下，我们坚持"把童年真正还给孩子"的理念，为学生营造一个自由成长的育人环境。我们充分挖掘学生自主的心智、创新的思维和张扬的个性，努力实现他们的美好心愿，让每位学生都有机会在人生舞台上绽放光彩。

"和融共进"是指和谐与融合，共同进步。我们提倡在教学方式与学习方法上追求"大同"，同时尊重"异"。我们融合多种智慧，汇聚多样力量，综合考量各方面因素，为教师和学生的共同进步提供不竭的动力支持，旨在推动学校科学、持续和健康的发展。

6.管理文化

（1）管理理念：和顺管理。

（2）管理目标：自修、自为、自觉、自律。

（3）教师管理模式：一核六心双驱动。

"一核"即以发展规划委员会为核心。其主要职能是负责学校未来的发展方向和目标的制定，实现顶层设计。"六心"指学校管理机构设置，包括教育科研中心，负责推进课程开发、课题科研等工作；德育教育中心，负责德育活动策划、师德教育、教师培训等工作；教学管理中心，负责课堂改革、教学常规管理等工作；艺体发展中心，负责艺体类课程的开发、文体活动组织等工作；安全保障中心，负责安全教育、安全防控等工作；后勤服务中心，负责后勤服务保障等工作。

充分发挥各中心管理人员的积极性和创造性，做到各司其职、各负其责。"一核六心"遵循新苑"和文化"理念，强调协调联动、相互生长，通过各要素和环境之间的相互作用，形成和谐发展的氛围，促使教师实现自修与自律。

"双驱动"之一是理念驱动："和文化"践行于学校各项工作，要依靠师生对学校文化的深入学习，形成新苑文化自省。"双驱动"之二是评价驱动：公平、公正的评价制度是管理顺畅的保障。"双驱动"促使教师自觉、自为。

（4）学生管理模式：自主管理，顺应发展。

学校是一个平台，每个学生都是独特的个体。我们尊重和理解每位学生，为他们提供合适的教育环境，给予他们自由探索的空间，丰富他们的灵魂，培养他们的自主能力。

第一，和谐课堂有空间。课堂是教育的主阵地。我们主张将课堂还给学生，实行自主合作课堂。课堂上我们鼓励不同意见的交流，培养学生合作探究能力，激发他们的求知欲望，让他们感受学习的乐趣。

第二，和雅课程可选择。每个学生都是独特的个体，他们有着不同的兴趣爱好。为满足学生多样化的学习需求，学校创造性地开设"自由周三"和"快乐周五"系列课程，让学生通过选择、参与和体验，提升自身能力，发展个性。

第三，和悦活动能组织。项目化学习是我们坚持超过十年的有效综合学习方式，关注知识与综合素养的双重发展。通过项目化学习，学生的科学精神、探究能力、合作能力和动手实践能力得以显著提升。

第四，和融班级会当家。我们将班级建设成学生的精神家园，鼓励学生积极参与班级管理。班级内设有班级委员会、议事会和监督委员会，确保学生对班级进行自主管理。平等民主的治理模式，能够帮助学生树立主动参与意识。

第五，和美学校我为主。学校的少先队是学生自治组织，由辅导员指导高、中、低三个学段的中队工作，鼓励学生作为学校和教师的得力助手，参与教育管理，为学校发展献计献策，以此帮助学生在实践中提升综合素质，快乐成长。

四、新苑"和文化"办学实践

（一）党建引领

2018年9月，习近平总书记在全国教育大会上强调："加强党对教育工作的全面领导,是办好教育的根本保证。"①新苑小学充分发挥党支部的作用,坚守教育使命,明确办学思想,建设学校文化,以文化涵养师生思想。

1.健全党支部建设,坚持"三会一课"制度

学校建立了学习型党组织,注重学习与实践同步,加强全体党员教师的政治学习,丰富党员组织生活,使党员经常接受党性教育、优良传统作风教育。这一过程提升了学校党组织的战斗力、政治觉悟和工作水平,促使党员在各项工作中都能自觉发挥先锋模范作用。我们紧紧围绕"贯彻党的二十大精神,推动衡水基础教育科学发展"的主题,学习宣传党的二十大精神,扎实开展党的群众路线教育实践活动。通过专题培训、知识竞赛、专题组织生活会和发放学习资料等形式,引导党员干部立足岗位建功立业,培养教师敢于担当的品质、求真务实的作风和勇于奉献的精神,鼓励广大教师争做"立德修身"的示范者和教书育人的"领头雁"。

2.树立"大党建"的教育观

学校因地制宜,注重协调,把"四有好老师"的标准作为"新苑誓言",建立"人人都有思想,人人都很重要,人人都须成长,人人相互依靠"的教师信仰。我们崇尚创新,以科研促进提升,研究形成"3+1+N"的教师培养路径和"135"的思政育人模式。其中,"1"指思政教育紧紧围绕一个使命:为党育人,为国育才;"3"指学生成长中的三个环境维度:家庭、学校和社会;"5"指思想政治教育的五条方略:整合社会资源,办好家长学校,引导家长关注家庭教育和家风建设;以实践活动为纽带,推动家校携手,形成教育合力;将《平语近人》作为学生思政课教材,为学生扣好人生的第一粒扣子;绘制社会主义核心价值观手抄报,将社会主义核心价值观融入学生日常生活;利用周边资源,将街道文化转化为思政课教材内容,让学生在生活中处处受到文化熏陶。

①《习近平在全国教育大会上强调坚持中国特色社会主义教育发展道路 培养德智体美劳全面发展的社会主义建设者和接班人》,《人民日报》2018年9月11日。

"135"思政育人模式赢得了广大教师与学生家长的支持和参与。

3.形成"1+6+N"网格化服务模式

"1"指新苑小学的党支部；"6"指六个中心：在党支部的领导下，成立教育科研中心、德育教育中心、教学管理中心、艺体发展中心、安全保障中心和后勤服务中心；"N"则指由党员、团员、少先队员组成的三级志愿服务队、各班的学生互助小分队、教师互助小分队、项目研发小分队、科研攻关小分队等若干先锋小分队。通过"1+6+N"网格化服务模式，深入学校教育的每一个细节，极大提升"三全育人"能力，灵活有效地解决教学实践中的问题。

（二）众筹办学

学校致力于引入专业人士，对学生进行专业化培养，让学生接受专业指导，实现个性化发展。

我们秉持新发展理念中的"共享"和"开放"思想，提出"众筹办学"的观念。简单来说，就是通过上下整合资源，凝聚人心，协调各方关系，最大化利用资源，实现"家校社"一体化办学。

学校立足实际，围绕学生发展，众筹思想、师资和课程，推动"家校社"一体化办学。在不断提升教师队伍建设的同时，我们联合衡水学院、衡水棋社及其他社会优质办学力量，打造出一支弘扬学校文化、具有强向心力的高素质队伍。在市、区体育局的支持下，学校广泛吸纳优秀师资，成立新苑青少年体育俱乐部，并牵头成立衡水青少年足球协会、乒乓球协会和冰球协会，为学生提供优质、专业和精准的课程服务。同时，我们借助河北省名校长工作室、衡水市名师工作室和美育联盟，进一步推进教师队伍培养与学科教研活动开展，推动学校高质量发展。

（三）优化师资

判断学校好坏的标准不在于建筑的高度或设施的华丽，而在于其背后的优秀教师队伍。好学校的基础是师资。因此，教师是学校的核心力量，是教育高质量发展的首要资源。为培养一支高素质的教师队伍，新苑小学形成了"3+1+N"教师培养路径、"N+3"教研模式和"3+2+1"校本研训。

第一，"3+1+N"教师培养路径。为了帮助教师确立发展目标，明确成长轨迹，我们构建了"3+1+N"教师培养路径。"3"指三个阶段，学校根据教师的学习计划与实际需求，帮助每位教师制定个人成长规划，明确努力方向和成长空间，并对阶段目标进行跟踪评价，激活教师个人成长的内驱力，构建起青年教师、骨干教师和名师的三阶成长路径。"1"指班主任培养项目，每位教师必须参加班主任培养项目，这是实现全员育人、全程育人、全方位育人的基础保障。"N"则指尊重教师个性化发展，鼓励教师培养积极的兴趣爱好，促进教师的全面发展。

第二，"N+3"教研模式。为更好地推进以学生与学习为中心的教学活动，锤炼教师队伍，学校通过多年实践构建了"N+3"教研模式。"N"代表多项学习研究资源，包括各级教研组织、学术团体、专家团队、高校师资和社会资源等。多样化的教学资源与平台促进学校丰富教研形式，提升科研内涵与质量。"3"指三条实施路径：省区市专业教研组围绕课改方向，组织听评课、赛课、论文和案例征集等教学活动，并针对教育教学管理等实际工作中痛点、难点问题进行专项研究；邀请专家入校听课、进行联合教研和互动学习，共同提高；加强校本研修，推动校际合作，进一步完善"3+2+1"校本研训工作，以科研带动教研高质量发展。

第三，"3+2+1"校本研训。新苑"3+2+1"校本研训通过"学习+培训+科研"三种方式，以"工作室+研学小组"两种团队，结合一个学校科研中心提供技术指导和制度保障开展活动。

具体而言，"3+2+1"校本研训包括：

第一，学习是教师日常工作必备的任务。学校要求教师加入各级学习组织，以促进学习的常态化。学校为教师提供学习任务、支持保障和便利条件，强化学习需求。

第二，培训是教师专业发展的重要途径。专家培训、跟岗学习和专题讲座等多样的培训方式是教师开阔视野、转变观念和提升能力的主要途径。针对高层次培训机会少、参加人员少的问题，学校则安排二次培训，推动培训成果的转化，并对参训者和成果转化进行跟踪考核。

第三，科研是学校研训工作的重点。围绕新发展理念，学校关注"真问题、真研究、小切口、系统化"。学校鼓励教师以问题为导向围绕具体的工作进行研究，鼓励教师收集一手材料并反思实践，提出有效的解决方案。教师应关注原生态研究和小微研究，成为接地气的研究者和思考者。学校为科研设计鼓励性保障制度，建立研究团队及培训监督机制，课题研究指导、论文发表、著作出版资助等保障机制。同时，通过构建研究团队，发挥团队教师的不同优势，让教师感受到研究对工作改进的作用。学校选拔学科带头人、名师和骨干教师担任名师工作室主持人，组织学习团队，承担科研项目或自主选择研究方向，推动团队专业成长。全体教师需加入名师工作室或研学小组等学习研究组织。通过名师工作室孵化名师，形成教学研究共同体。名师通过扎根课堂的"接地气"研究，引领工作室成员开展有温度、有深度的教研活动。在学校课题指导中心的支持下，以教学中遇到的实际问题为导向，推进学校整体科研工作，用科研思维解决学校发展中的问题，提升办学质量。

例如，我们与幼儿园联合研究学段融合问题，与市体育局、市足协联合研究体教融合问题；在市委宣传部的指导下形成衡水市新苑小学"135"思政育人模式；为解决学生个人物品整理问题，班主任与家长共同研究学生习惯的养成；为解决学生洗手问题，后勤人员通过研究，以最少的资金、最短的时间完成了洗手池施工工作；围绕学生营养健康工作，我们与衡水学院的吴荣荣博士合作开展实践项目；为加强学校传统艺术教育，我们与衡水古琴非遗传承人开展合作学习；等等。这些工作都是我们在新发展理念指导下，通过教科研得到最佳解决方案，实现办学能力与品质的提升。

（四）课程建设

兴趣是最好的老师，但一开始我们很难了解学生的兴趣所在，需要我们去发现并培养。我校的重要职能之一就是将学生的喜好发展为兴趣，将兴趣培养为爱好，让爱好成就学生的一生。

1.和雅课程体系

我校课程构建始终坚持新发展理念，遵循"面向人人，关注个体，为人的发展提供合适的教育教学服务"的思想，依据师生的兴趣和爱好，构建适合其成长的和雅课程体系，培养善思有为、和谐发展的人。

"和"指课程设计基于学校"和文化"思想；"雅"指课程构建适合学生发展，众筹资源，融合学科。和雅课程体系秉承"以和至美，和而不同"的校训，以国家课程为基础，尊重每个学生的个性需求，充分满足学生在生活与学习中的兴趣需求。只要是学生需要的课程，我们就积极创造条件开设；只要能发挥教师的特长，我们就积极开发相关课程。在"主动参与""激发兴趣""愉悦心境""张扬个性"等理念引领下，本着"面向全体，关注个体，全员参与，双向选择"的原则，围绕"人文底蕴、科学精神、学会学习、健康生活、责任担当、实践创新"六大核心素养，我校开发出100门趣味、自主的特色课程，让学生喜爱并投入其中，在润物无声中实现育人目标。

和雅课程体系包括"三型六类"，其中"三型"指"基础型"校本课程、"发展型"校本课程和"拓展型"校本课程。"基础型"校本课程依据国家校本课程开发，针对课程内容开展各类学科活动；"发展型"校本课程依据地方课程开发，以普遍提升学生能力为出发点，利用假期开展形式多样的项目作业；"拓展型"校本课程则是根据学生兴趣培养学生特长。"六类"课程涵盖"人文底蕴、科学精神、学会学习、健康生活、责任担当、实践创新"六大核心素养。为保障和雅课程的有效实施，学校统一安排课程表，将所有班级的校本课程集中到周五下午，开设特色社团课程。整个周五下午，全校四千多名师生都在上自己喜欢的课程，因此我们把周五下午称为"快乐周五"。学校打破年级界限和学科分类，全校师生重新整合，实行教师与学生双向自主选择的模式。目前，学校已开设包括艺术类、科技类、体育类、文化类、德育类和心理类在内的社团共100个。丰富多彩的社团活动让学生不再拘泥于语文和数学等课程的学习。"快乐周五"让学生的成长过程充满快乐，切实达到了减负增质的效果，促进了学生的全面发展。

和雅课程体系为学生开启了一扇快乐之门，形成了"人人有爱好，个个有活动，不让一个学生落下"的局面，诠释了"把喜好培养成兴趣，把兴趣发展为爱好，让爱好成就一生"的育人观和"为专业人才培养奠基"的育才观，实现了全员、全程、全方位育人。

2.德育课程

学校教育以党建引领，育人为本，思政为基。我们牢记"为党育人、为国育才"的使命，落实立德树人根本任务，办好人民满意的教育。培养德智体美劳全面发展的社会主义建设者和接班人，逐渐形成新苑"135"思政育人模式。

同时，我们加强师德师风建设，围绕新时代"四有好教师"的标准形成"新苑教师誓言"，结合学校"和文化"凝练生成新苑信仰："人人都有思想，人人都很重要，人人都须成长，人人相互依靠"，让新苑教师有追求有信仰。经过教师广泛讨论及听取学生家长代表意见之后，我们制定了《新苑小学教师守则》，从"依法执教""爱岗敬业""廉洁从教"等9个方面，以26项标准规范教师育人行为，强化教师理想信念教育，厚植教师爱国主义情怀。

3.体育课程

习近平总书记在教育文化卫生体育领域专家代表座谈会上强调："要坚持健康第一的教育理念，加强学校体育工作，推动青少年文化学习和体育锻炼协调发展，帮助学生在体育锻炼中享受乐趣、增强体质、健全人格、锻炼意志。"①目前，我校的体育课程采用"2+1"形式，即

---

①《在教育文化卫生体育领域专家代表座谈会上的讲话》，人民出版社，2020年版，第12页。

每周两节基础体育课和一节特色专项体育活动。针对不同年龄段孩子的体质特点，结合《义务教育阶段体育与健康课程标准（2022年版）》的要求，在不同年级开设特色专项体育活动：一年级体能课，二年级足球课，三年级健美操课，四年级羽毛球课，五年级足球课，六年级篮球课。在阳光大课间活动时，体育老师发挥专业特长，创编了简单易学的"手绢操""绳操""网球操"等运动，丰富学生的课间体育运动，满足学生体育运动的多样性需求。

我们还依托新苑青少年体育俱乐部研发了乒乓球、足球、篮球、网球、轮滑、跳绳、太极拳、围棋和国际象棋等专业课程，既普及了竞技体育知识，又为国家培养竞技体育后备人才奠定了基础。为激发体育专业课程的活力，学校每学期开展乒乓球、足球和轮滑班级对抗三大联赛，各校队每学年参加各级各类比赛，实现以赛促练，梯队培养。2021年，学校申报的课题"小学阶段基于提升体育育人效能的体教融合模式的研究"获河北省"十四五"重点规划项目立项，从研究角度保障了体育课程的质量，提升体育育人效能。

在绿色、协调的体育实践中，学校足球队取得了五年蝉联衡水市市长杯小学校园足球赛冠军的荣誉，20多名小队员被省内外足球俱乐部青训队选中。学校乒乓球队也年年战绩辉煌，2022年省运会，我校有21名队员晋级决赛，先后有20多名队员取得一、二级运动员资格，其中两名队员被选入省队。学校冰球队连续多年代表衡水市参加省运会，曾打进河北省四强。我校湖城棋院代表队在2023年河北省"保定宏屹杯"围棋甲级联赛中取得第六名的好成绩。为使有体育特长的学生得到长足发展，我校与当地知名中学签订人才成长协议，体育成绩优异的学生可优先录取，打通了专业人才小、初、高一体化培养路径。

4.美育课程

美育以艺术实践为主要内容，锻炼学生的感受力。我校积极探索"课堂教学与课外实践相结合""学生社团活动与校园文化相结合"的全方位美育教育模式，建设多元化美育课程，提高学生的文化艺术素养。

学校的和雅课程体系中，手工、绘画和书法类社团有42个，旨在让学生开阔视野、发展特长，在美的享受中体会快乐学习和健康成长的意义，让每个学生都成为艺术教育的受益者。

在寒暑假，美育教育不放假。学校组织开设美育社会实践项目，引导学生感受家乡的美、自然的美和身边的美，学会发现美、鉴赏美和表现美，培养和发展学生的艺术特长，努力形成学校与社会互动互联、充满活力的美育新格局。

为保障美育教育的高质量开展，学校全方位升级改造四楼美术教学区，建立水彩画、水墨画、基础素描、创意绘画、陶艺、书法、合唱、拉丁舞、中国舞和古筝等专用工作室。为使学生作品得到充分展示，各工作室的内外墙壁均设计了展示区。室内展示起到了评价、鼓励和示范的作用，而室外展示区则用于教师、学生集体作品展、学生个人作品展、家庭作品展及知名人士作品展等，既为学生提供展示才华的舞台，营造浓郁的美育氛围，又能激发师生的创作热情，增强师生创造美、鉴赏美、传递美的信心。

（五）课堂构建

课堂是学校教育的主阵地，良好的课堂应为学生提供交流和表达的自由与空间。在新课程标准下，理想的课堂是师生互动、心灵对话的舞台。学校主张将课堂还给学生，推行自主合作课堂，努力为学生营造自由、自主、健康发展的学习环境。

自主合作课堂强调学生自主学习、小组合作和自由分享。学生的个体差异使得他们学习的方法、效果及能力有所不同。这种差异催生了自主合作课堂。该教学模式将课堂教学过程分为预习、展示、教师精讲点拨和课堂评价四个模块。在教学过程中突出学生学习的自主性、参与性、合作性和探究性。预习时，教师为学生设计学习任务单，包括学习目标确定、学习内容设置、自学程序指导、学习方法指引。在学生学习困难时，教师给予必要的帮助，使学生在自主学习时更具方向感，学习目标更加明确，学习效果更加明显。展示环节能有效驱动学生积极参与学习任务，培养他们的学习责任感。教师精讲点拨和课堂评价则继续关注学生的主体性，能为学生提供更多心理支持和学习愉悦感。

自主合作课堂体现了新苑"和文化"理念。学生在学习过程中懂得沟通与合作，学会欣赏和采纳他人意见，并乐于分享成果与快乐。在尊重与赏识的课堂文化氛围中，学生是学习者，课堂成为学生自我展示的舞台。自主合作课堂关注学生能力的培养，让学生更多参与学习，锻炼学生的总结、组织、提问和表达等多种能力，使更多学生获得机会，让课堂成为他们求知展示的舞台。在课堂上，学生追求科学知识，培养解决问题的能力和科学研究的精神，为他们终身发展奠定坚实的基础。

（六）评价体系

在新苑"和文化"理念下，评价体系的建立同样"面向人人，关注个体"。围绕"培养和谐发展的人"的育人目标，我们建立了教师综合评价、班级综合考评、学业质量检测和学生综合素质评价等多种评价制度，构建了"和雅"评价体系。该评价体系旨在考量分析育人环节各项措施的适合度，在集体与个体之间寻求教育的平衡，并促进个体的发展。评价主体包括教师、学生、家长等。评价应彰显尊重，评价的过程应追求规范与美好。

我校的"和雅"评价体系通过多元、多维的评价方式，使师生形成自觉、自修、自为的品质。

1.教师培养评价

我校的教师评价体系以科学的评价方式促进教师专业发展。在以"和"为核心价值的文化背景下，充分发挥评价的导向作用，使教师在和谐、民主、平等、公正的评价制度下，能够"凝聚爱心关注学生全面发展、汇集智慧建设自主合作课堂、互敬互爱共创幸福工作环境、积极进取不断提升自我"。主要评价内容包括自主合作课堂评价、备课评价、作业创新评价及其他业务相关评价。主要有以下三个评价原则：

第一，发展性原则。关注教师发展的要求，使评价过程成为全体教师主动发展、终身发展的过程，也成为促进学生全面发展的重要过程。

第二，全面性原则。既要重视教师业务水平的发展，又要重视教师职业道德修养的提高；既要评估教师的工作业绩，又要重视教师的工作过程；既要体现教师的群体协作与共性发展，又要尊重教师的个体差异。

第三，多元性原则。评价主体要多元化，突出教师的主体地位，建立以教师自评为主，学校领导、同事、家长和学生共同参与的教师评价机制。建立多样化的评价方法和途径，以校为本，基于德、能、勤、绩的教师岗位工作评价方式，将形成性评价与终结性评价相结合，定性评价与定量评价相结合，不以学生考试成绩作为评价教师的唯一标准，而是结合学生多维发展评价体系对教师进行多元化考核。

2.班级综合考评

每个班级都是一个团队，是学校的重要组成单位。我校的班级综合考评有三个评价目标：第一，增强班级所有任课教师的向心力，充分发挥每位教师的班级管理智慧；第二，提升班级学生参与学校各项活动、社会实践活动和各类社团活动的能力，提高参与质量；第三，促进班主任管理能力的全面提升，促进学生的全面发展。

3.学业质量检测

为了更全面、科学地评价学生，我校不再单纯使用分数来评价学生的各科成绩，而是实行分档式评价。考试结束后，教师仍采用赋分形式阅卷，但不得向学生和家长公布结果。按要求统计后，交由学校合理定出A、B、C档，并综合考虑学生各项表现，最终形成学生的综合学业成绩。这种分档评价减小了学生成长压力，降低了家长心理焦虑，为学生成长争取空间，有利于学生发展。

4.学生综合素质评价

学生综合素质评价内容包括学业质量、各级各类活动参与度、社团课程参与度，以及合作、交流、文明礼仪和劳动等表现情况。评价方式包括自主评价、班主任评价、任课教师评价和同伴评价，主要突出尊重、和谐、美好和规范的原则。

（七）名校长工作室

2021年12月，河北省教育厅为张恒名校长工作室授牌。工作室自成立以来，一直高举习近平新时代中国特色社会主义思想伟大旗帜，以党建为引领，围绕"同学共建、和融共进"的工作理念，凝心聚力、纵横联合，促进校长队伍的专业发展。

学校希望借助张恒名校长工作室，带动区域校长队伍建设。张恒名校长工作室争取充分整合省市优质资源，加强学习，通过专家报告、沙龙交流、学习考察、入校诊断和成果展示等方式全方位、多维度地研讨与交流，充分分享各自的办学智慧和成果，在互动中反思自身管理，在观察与借鉴中寻求新的发展道路。工作室还帮助成员校进一步确立办学方向，确定办学思想；开展城乡间、校际间的优质课互送活动，组织听评课和集体教研，提高课堂质量，打造优秀教师队伍；举办专家讲座，以进一步提升成员校校长的思想水平和治校能力。

2022年初，由张恒名校长工作室发起，60多所学校参加的衡水市美育联盟成立，这为我们的美育打开了一个发现美、创造美和传播美的窗口。美育联盟邀请专家加强美术教师队伍的培训，提升教师专业能力；举办课例展示、艺术策展、艺术讲座和研学体验等活动，在促进京津冀中小学美术教育质量和教师教学研究能力提升等方面作出了积极探索。

人的一生会经历童年、青年、中年和老年等不同阶段，也会经历幼儿园、小学、中学和大学等不同学段。每一阶段或学段都有其独特而不可替代的价值，同时也为下一阶段或学段的发展积蓄力量。作为教育工作者，我们有幸陪伴学生经历一段成长过程，我们现在走的每一步、做的每一个决定，都要对学生的未来负责。努力做好当下，带着科学的教育思想走好每段人生路，做有价值的教育，让生命绽放精彩。我们坚信，未来可期。

困难铸就上进，反思助力成长

张　静

2023年8月，我有幸担任了衡水市新苑小学副校长。起初，我对新苑小学的了解并不充分，对于如何在新岗位上明确自己的定位及如何有效开展工作等问题感到有些迷茫。

张恒校长与我进行了深入的谈话，对我在学校的工作提出了明确的期望。首先，他强调理解新苑小学"和文化"的重要性，并鼓励我将这一理念融入我的工作和生活。其次，他要求我通过实实在在的工作表现来建立信任感。最后，他强调，作为主管教学的副校长，我需要深入研究各科新课程标准、教师培养方法和课堂构建方式，带领学校教师团队形成学习共同体，共同研究、共同提高。

这次谈话对我而言如同茫茫迷雾中的一抹阳光，给了我明确的目标和方向，激发了我对工作的热情。尽管在后续工作中我遇到了诸多困难和挫折，但也正是这些经历铸就了我向前迈进的阶梯。

回顾这段历程，我认为作为副校长需要经历三个重要的转变。

一、角色转变

我在教育领域工作了24年，一直从事教学工作，有10多年的班主任工作经验和7年的中层管理经验。我习惯以中层管理者的身份工作和思考问题。如今晋升为副校长，角色的变化和新学校的陌生环境让我感到一时不适应。在经历了一些曲折之后，我意识到我首先需要克服的是"角色关"。

这次工作变动让我重新审视自己，明确新的职责和期望，并调整思维方式以适应新的工作。调入新的学校，我要更全面地理解新苑小学的文化和运作机制，也要努力融入新的工作环境。张恒校长善于预判困难并为我提供及时指导，他的支持和引导为我职业生涯的发展提供了有力的帮助，使我能够更从容地应对挑战。

在新苑小学工作一段时间后，我制定了一系列教学制度，包括早读午写检查制度、巡课制度等。我相信通过这些制度的有效实施，可以确保常规教学工作的良好运转，促进教师将更多精力投入教学，激励学生更加努力学习。然而，在这些制度严格执行一段时间后，现实情况并不如我所愿。教师的工作积极性下降，请假人数增多，学生在课堂和课间的纪律也变得越来越差。这让我感到沮丧和困惑。

一次下班后我在小区里散步，当经过一间小院时，我看到一个大花盆里的月季枝干被风刮断，树叶零星地散落在地。这一景象让我产生疑问，前一晚确实有较强的风雨，但为什么路边的树木安然无恙，而这株月季却倒了呢？邻居告诉我，月季枝干被风刮断可能是因为它生长过快，导致株干脆弱，无法抵御强风等外力。另外，花盆里的空间有限，限制了根系的发展。我豁然开朗，作为副校长，我应该先深入基层，了解教师和学生的真实情况，与教师和学生建立紧密联系。只有扎好根基，深入了解学校的真正需求和问题，才能有力地推动教育教学改革，使学校真正茁壮成长。于是，我重新调整了工作思路，更加注重与团队的沟通与合作，共同探讨问题，寻求解决之道。

在后续工作中，我不再急于行动，盲目推行改革，而是深入了解教学情况，与教师们建立紧密联系，及时了解他们的想法和面临的困难，以确保各项工作的顺利进行。例如，我注意到一年级部分课堂的纪律较差，操场上打闹现象突出。与一年级主任商讨后，我们决定从督促教师加强课堂纪律和口令管理入手，展开一次以行为规范为主题的课堂比赛。

为了更好地了解实际情况，我汲取之前的教训，亲自实践，担任一年级某班的数学教师。通过实践我发现，并不是教师对课堂纪律的监督不够严格或口令教学不够有力，而是部分学生由于未上过幼儿园或者在幼儿园未养成良好的上课习惯，导致他们不适应一年级的课堂管理。而在这个过渡阶段，一年级教师实际上付出了很多。因此，我决定推迟比赛，并充分肯定和鼓励了一年级教师。同时，我加强了对幼小衔接学段融合工作的重视，并认识到只有做好这项工作，才能从根本上解决一年级新生入学阶段的各种问题。我深知，缺乏实地调查就盲目下达命令是管理者的大忌。通过这次经历，我更加坚定了在工作中深入实际、调查研究，以确保决策的科学性和可行性的决心。

总之，作为副校长，首要任务是深刻理解工作角色，清晰界定职责和义务，以便迅速而准确地完成"角色转变"。身为教学副校长，除了要具备专业素养外，还需要具备领导者素养，要站在全局的高度，统筹安排、协调各部门。在工作中，我需要认真思考并解决问题，例如，如何平衡制度约束的刚性和人际关系的柔性？在处理副校长权责的问题上，如何权衡收与放？哪些工作需要亲力亲为，哪些工作应给予其他中层管理人员发挥的空间？学校管理实际上由两个方面组成：一个是"管"，另一个是"理"。在"管"方面，可以借助制度的约束；而在"理"方面，则要借助校园文化的力量。这就要求我熟悉学校发展的路径、管理机制等。在现代学校管理中，不应再依靠管制、命令和控制，而应以人性化的计划、战略和愿景来引领学校发展。正如张恒校长说的，成为"智慧型管理者"是当代学校管理的关键。

二、心态转变

在明确副校长角色定位后，接下来就是要调整心态。入职初期，我曾被"四怕"所困扰：一怕无法取得成绩，二怕教职工不愿听从指挥，三怕未能树立威信，四怕被与前任副校长比较。这些担忧导致我经历了不少挑战。

磨合期是我深入了解学校和教师的阶段，也是教师全面了解我的时期。"磨"是为了"合"，若无法与教师取得良好合作，磨合期就会演变成摩擦期。初上任时，我迫切希望得到认可，急于取得成绩，但又担心教师们不积极配合。为了赢得他们的信任，我过于强调自身表现，未能理性全面地处理问题，导致问题逐渐积压，最终爆发。

新苑小学以高度自由和人性化而著称，教师可以随时反映领导层的工作问题。在教师对我的反馈中，一些指责是正确的，我需要改正，而另一些则是对我的误解。虽然面对这样的情况，我感到很委屈，但是我也逐渐认识到遇到困难和挫折是正常的，而他人的误解是我成长中必须经历的考验。

通过深刻反思与总结，我迅速调整心态，找到了问题的根源，并针对性地解决了问题。这使我成功度过了磨合期，更加成熟和自信地履行副校长的职责。

第一，以开放、接纳、真诚的态度认识学校现状和发展方向。作为副校长，我应以开放的心态对待教师的建议和成绩，深刻理解学校的发展现状，认识到学校应在传承中发展；应注重与教师的合作，形成团队精神；应避免盲目改革，而应采取循序渐进的方式，保持敏感度，关注实际效果；在奖惩方面，应在坚持原则的同时做到宽严有度，根据实际情况进行公正评价和激励。

第二，从"自己人"的角度思考学校未来的发展。作为新任副校长，建立与教师的紧密联系很重要。对学校未来的展望应符合全体成员共同的目标期待和努力方向。与上级的关系应为协作和理解的关系，能够领会上级的意图并为决策提供参谋，同时有效执行决定和报告实际情况。对待家长和学生时，要体现包容尊重、引领示范、理解信任和真诚喜爱。

第三，善于抓住学校发展的契机，实现全面引领。作为副校长，应善于抓住机遇，将个人想法与学校特点、实际需求相结合，为学校发展蓄势，尽自己的最大力量推动学校的全面发展。

三、工作内容转变

从学校中层管理者到副校长，我的工作范围从原本较为专业和有针对性的领域扩展到更为宏观的层面。在这个转变过程中，我主要面临两个挑战：第一，对业务广度的认识不足，导致对学校整体工作的把握不够全面。我的视野存在较大的局限性，习惯以中层或教师的角度看待问题，在处理问题时往往过于单一，未能全面考虑工作全局。第二，过于强调将原有的数学教学和中层管理工作作为整体工作的核心，导致管理能力和整体把握能力不足。我深知学习和反思是解决这些问题的重要途径，于是我做了以下努力。

首先，我注重学习，通过积累知识来扩展视野，提升综合素养，丰富个人内涵。我主动研读语文、数学、英语等各科的新课标，深入理解并将其运用于实际教学中。我每天利用网络资源学习新课标在课堂教学和作业设计方面的丰富实践，努力探索学科教学规律，以便对小学各科教学有较全面的了解。同时，我注重借鉴他人经验，特别是在管理方面的有益经验。我阅读学校管理类书籍，深入学习先进管理经验和理念。为了提升管理水平，我积极向张恒校长、焦敬副校长请教，学习他们的成功管理经验，不断追求在管理领域的进步。通过这些努力，我相信自己不仅能够在学科教学上有所突破，也能在管理层面具备更强能力，这将有助于我更好地履行副校长职责，为学校发展贡献更多智慧和力量。

其次，我注重反思。我记录下每天的所思所行，这在很大程度上推动我主动关注工作中的问题，并进行反思，以优化工作流程。

我常听到同行开玩笑地说："每天都很忙，但又不知道自己在忙什么。"这在一定程度上反映了副校长每天会面临很多杂务和琐事，却看不见具体成果。但是从整体上看，副校长的工作仍具有一定的规律性。通过记录工作日志和及时反思，我提高了工作效率。记录让我更好地理解工作的本质和变化模式，更有效地规划眼前工作和应对未来挑战。而反思则让我在日常管理中更加自信和从容。

我通常选择晚上下班后步行回家，在回家的路上进行工作反思。这个时候，白天的喧嚣和浮躁逐渐消散，思绪得以沉静下来。我会回顾一天的工作，反思自己在白天的行为，仔细思考说话是否得当、推进工作是否合理，以及提出的意见是否恰当。我会思考如果某件事情处理不当，我应该采取怎样的方式进行纠正等。

回到家后，我再将这些思考逐一记录下来。这不仅是对工作过程的记录，也是将自己的思考具象化呈现。例如，有一次一位老师向我请一周假，当时刚好有几位老师正在休假。如果批准这位老师的假期，那么他所带的班级这一周内就没有老师负责。于是，我向年级组长表示："不能准假，让这位老师把事情推迟，等另一位负责老师回来再请假。"然而，这位老师却坚持要请假，我的语气显得有些急躁，虽然最终批准了她的假条并想出了解决问题的办法，但整个处理过程并未让大家感到愉快。反思后，我写下："老师个人的事情与学校的工作同样重要，不能强迫老师为了工作牺牲个人利益。"我深刻认识到自己在处理这件事情时存在的问题，我应该更加耐心地了解这位老师请假的原因，先表达理解，然后说明学校面临的困境，最后共同商讨解决方案。这显然是更为妥善的处理方式。在反思后，我付诸行动，主动找到这位老师，表达了我的歉意。在以后的工作中，我会更加注意避免类似情况的发生。我相信，人能在不断反思中进步，因思而励志奋起，因思而修正错误，走向成熟。

张恒校长经常强调，有温度的教育工作才能实现教育的真正价值。在过去几个月中，我担任副校长一职，这段经历深刻印证了张恒校长的这句话，更让我深刻领悟到，担任副校长不仅是一项工作，更是一种修行，而这种修行的关键在于修己。在面对困境和挫折时，我不断调整自我，提升自身素养，通过持续学习和深刻反思，使自己努力成为一位合格的副校长。

用新发展理念助推学校教育高质量发展

张　恒

创新、协调、绿色、开放、共享的新发展理念，不仅符合我国国情，顺应时代要求，还具有强烈的战略性、纲领性和引领性。它为加快教育现代化、建设教育强国、办好人民满意的教育指明了前进方向，并为推动学校教育高质量发展提供了根本遵循。

一、深刻认识新发展理念的丰富内涵

坚持新发展理念，既是党的十九大报告提出的"十四个基本方略"之一，也是党的二十大报告提出的"五个必由之路"之一。

新发展理念回答了关于发展的目的、动力、方式、路径等理论和实践问题，如创新是引领发展的第一动力；协调是持续健康发展的内在要求；绿色是永续发展的必要条件；开放是国家繁荣发展的必由之路；共享是中国特色社会主义的本质要求。

教育作为"国之大计、党之大计"，必须理解和贯彻新发展理念。我们要学思想、强党性、重实践、建新功，把新发展理念作为推动学校教育高质量发展的行动指南，为国家富强、民族复兴、人民幸福贡献力量。

我们应运用马克思主义中国化时代化最新成果与新发展理念，准确把握新发展阶段的历史方位，与时俱进、开拓创新，以创新发展增强后劲动力，以协调发展优化办学结构，以绿色发展打造育人生态，以开放发展提升办学品质，以共享发展彰显价值追求。我们应围绕立德树人这一根本任务，不断完善和优化人才培养方案，走一条和谐融合、共同进步的发展道路。我们应以新发展理念引领和推动学校高质量发展。

二、坚持党对教育工作的全面领导，确保教育现代化发展正确方向

党的十八大以来，习近平总书记围绕教育事业发展发表了一系列重要论述，深刻回答了关系教育现代化的重大理论和实践问题，引领教育事业取得历史性成就、发生历史性变革。作为教育工作者，我们要坚持以习近平新时代中国特色社会主义思想为指导，坚持和加强党对教育工作的全面领导，为新时代教育事业发展提供坚强保障。

在新时代新征程中，我们应全面加强教育系统党的建设，以党的政治建设为统领，坚持中小学党组织领导的校长负责制，完善"三全育人"工作格局，确保教育领域始终成为坚持党的全面领导的坚强阵地，确保教育事业沿着正确方向前进。

作为新苑小学的党支部书记兼校长，我带领团队牢记"为党育人、为国育才"的使命，坚决落实立德树人根本任务，办人民满意的教育，培养德智体美劳全面发展的社会主义建设者和接班人。

为此，我们坚持以下几点：一是优化成长环境，实现家庭、学校、社会教育的有机结合。结合实际情况，我校在教学楼六楼精心打造了党建活动基地，以图文并茂的形式展示建党历程及重大成就，为党员教师和学生提供了良好的学习场所。这一基地有助于广大师生学史明理、增信崇德与力行实践。此外，我校积极整合社会资源，建立家长学校，引导家长重视家庭教育、培养良好家风。家长课堂促进了家校沟通、家教研讨和家风建设。我们还通过实践活动的形式，推动家庭与学校的协

作，形成教育合力，厚植育人土壤。在寒暑假期间，我们创新性地设置了项目作业，通过"家乡文化认同"等项目活动，让学生深入了解家乡的传统习俗、名胜古迹与美食特产，引导他们体会中华传统文化的深厚内涵，认识传承中华优秀传统文化的重要性与责任。

二是明确育人方向，提高思想站位，彰显学校价值。教育是百年大计，而义务教育在高质量教育体系中占据重要地位。作为学校的领导层，我们肩负着新时代基础教育高质量发展的重要使命，我们的办学愿景是"办有思想的学校、做有价值的教育、培养全面发展的人"。在实践中，我校持续以党建引领办学治校的全过程，充分发挥党支部在教育改革与发展中的堡垒作用，将政治学习与师德提升相结合，开展规范办学行为的自建互助活动，提升教职工的整体素质。我校坚持以文化涵养师生思想，培养具有幸福感的全面发展的人，培养具有职业幸福感和教育创造力的教师。

三是深耕育人土壤，落实"五育并举"。习近平总书记在党的二十大报告中指出："教育、科技、人才是全面建设社会主义现代化国家的基础性、战略性支撑。"[①]基础教育承载着为全面建设社会主义现代化国家提供人才支撑的重任。推进教育的高质量、内涵式发展要求我们每一位教育工作者必须深入育人领域，落实"五育并举"。我们以思政课教材为基础，通过创新活动和丰富的校外资源，为学生的个人成长奠定坚实基础。我校结合自身实际，遵循"将学生的兴趣发展为爱好，进而影响终身"的课程理念，开发了涵盖体育、艺术、手工、科技及心理等多个领域的100个社团，目的是提升学生的综合素质，培养德智体美劳全面发展的社会主义建设者和接班人。

---

①《高举中国特色社会主义伟大旗帜　为全面建设社会主义现代化国家而团结奋斗——在中国共产党第二十次全国代表大会上的报告》，人民出版社，2022年版，第33页。

三、用新发展理念，创造学校发展的新动能

贯彻新发展理念是推动教育高质量发展的必循规则、必守法则。新发展理念体现了党对人类社会发展规律、共产党执政规律认识的深化拓展，为教育高质量发展制定了行为法则。这一法则要求我们不断增强贯彻新发展理念的行动自觉。

新时代，我们要着眼教育现代化目标，统筹推进办学思想、管理体制和评价体系改革，将办学治校的重点放到落实立德树人这一根本任务上来，使教育活动更加符合教育发展规律、学生成长规律。通过我们的共同努力，我校近年来取得了以下几点突破：

一是形成与时俱进的"和文化"。习近平总书记指出，推进马克思主义中国化时代化的根本途径是"两个结合"，即"把马克思主义思想精髓同中华优秀传统文化精华贯通起来、同人民群众日用而不觉的共同价值观念融通起来"[①]。我们以文化建设为驱动，凝聚成独具特色的"和文化"。我们不仅汲取了传统"和文化"中的"和美与共、和生万物、和衷共济、和谐自由"等内涵，而且在长期的工作实践中不断赋予其新的含义，最终形成了"面向人人，关注个体，为人的发展提供合适的教育教学服务"的教育生态。

"和"是国家发展的需要、是社会发展的需要、是人才发展的需要。"面向人人"的理念立足于实事求是，强调知行合一，这是实现"和"的基础。"关注个体"是以承认事物的差异性、多样性为前提，在和谐融洽的氛围中，崇尚尊重，达到进步。"合适的教育教学服务"则是和谐育人的基本要求。当代中国改革实践的深度发展，要求教育走人才培养的内涵式发展道路，为个体发展提供合适的成长环境，为人才发展提供新的观念和技术。在学校文化建设上，我们继承并发扬中华优秀传统

---

① 《高举中国特色社会主义伟大旗帜 为全面建设社会主义现代化国家而团结奋斗——在中国共产党第二十次全国代表大会上的报告》，人民出版社，2022年版，第33页。

文化，契合时代的发展并赋予新的内涵。经过20多年的发展，如今这些理念已内化为全校师生的内在品质。

二是开拓创新"和顺"管理模式。为了顺应教育的发展要求，我们积极探索和创新管理模式，提升学校的精细化管理水平，增强学校的办学活力。我们在"和文化"理念的引领下，积极探索科学管理方法，创造性地提出了"一核六心双驱动"的"和顺"管理模式，该模式要求我们明确职责，有所为也有所不为，实现协调联动和相融共生。

学校一方面关注提升教师的专业化水平，另一方面加强班主任管理和教师队伍的师德师风建设，确保管理改革落地有声。通过"向上整合力量、向下凝聚人心、左右协调"的"和顺"管理模式，我们旨在成就教师、培养学生，建设师生喜爱的优质学校。

三是构建科学有效的"和雅"评价体系。以现代化发展的视角来看，高标准的引领是一个行业步入高质量发展的关键。为了加快推进教育现代化、办好人民满意的教育，科学的教育评价体系至关重要。

"育才造士，为国之本"，教育评价要坚持立德树人的主线。我们构建了公正、立体化的"和雅"评价体系，建立以办学方向、课程教学、教师发展、学校管理、学生发展等五个方面内容为重点的学校评价体系。

我校改变以等级评定为结果的单一评价方式，建立以评价报告作为结果呈现的评价机制，将达标式、等级式评价转变为诊断式、发展性评价。我校在坚持把师德师风考核作为首要标准的同时，突出教育教学评价，建立以学生工作、家校合作、教学工作量、专业发展和教学常规落实等方面为主要内容的综合性评价体系。其中，学生综合素质评价是整个评价体系的最大亮点，涵盖了品德发展、学业发展、身心发展、审美素养和劳动与社会实践等方面，直接与学校"培养有道德、会合作、能自主、勇担和谐发展责任的人"这一总体目标相连接。

四、站稳人民立场，聚焦高质量发展

教育是民生之基，是人民心中关切的问题。教育的质量如何，要用人民的获得感来衡量；教育存在的短板，要用人民的幸福感来判断；教育事业的成就，要用人民的满意度来检验。贯彻新发展理念，就是要坚持以人民为中心的价值取向，以行动引领队伍发展，以实际工作团结群众，让广大人民共享教育改革发展的成果。

一是树立"为人民服务"的宗旨。教育的根本任务是为人民服务，全心全意为党和国家培养综合素质的人才。我们要及时研究教育改革发展的重大问题，如"双减"政策的落实、课后服务的提升及教育质量的提高等，关注民众诉求，回应社会关切。"双减"政策实施后，学生在校时间延长，闲暇时间增多。针对这一变化，我校根据学生的年龄特点，为不同年级学生设置了多样化的趣味课间活动，如跳绳、投掷沙包、踢毽子、手绢操等，让学生在运动中感受到快乐，舒展身心，强健体魄。

我们开设了丰富多彩的课后服务，精准对接每一位学生，确保每一位学生都有自己喜爱的活动，切实实现减负增质，促进学生全面发展。

二是打造高水平的教师队伍。通过绿色发展优化教育生态，以开放发展提升教育质量。坚持绿色发展就是要回归教育的本源，思考教育面临的问题，营造良好的教育生态。

新时代对广大教师提出了新的要求：要有理想信念、有道德情操、有扎实学识、有仁爱之心。为建设一支政治素质过硬、业务能力精湛、育人水平高超的高水平教师队伍，我们邀请河北省教研专员、衡水学院教授等专业人士走进校园，帮助教师深化认识教育教学规律，提升他们的专业理论知识和实验技能。同时，我们定期开展"先进教师""优秀班主任""优秀班主任论坛""师德演讲"等主题活动，引导教师成为有学问、大情怀、大格局和大境界的"大先生"。

在教育教学上，我校以"走出去、请进来"促进发展。我们鼓励教师走出校园，学习最前沿的教育理念，并将所学应用于教学实践。我们依托张恒名校长工作室，多次组队赴巨吴渠小学、南门口小学等校交流学习；我们启动青年教师培育工程，通过新老挂钩、同组互听、外派学习、名师引导和专题讲座等多种形式，对青年教师进行全方位培养；我们还倡导全员读书，定期举行读书交流活动。开放、共享的办学模式推进了教育的交流与合作，促进了教育领域的互惠互利。

三是开设和融课程，构建和谐课堂。我们构建了以"三型六类"为内容的和雅课程体系，为学生的发展提供支持。我们积极整合资源，从学校课堂、家庭课堂和社会课堂三方面构建新型课堂体系，努力为学生营造一个自由、自主、健康发展的学习环境，唤醒他们的对话、体验、情感和智慧。通过这种方式，学生之间、师生之间能够相互促进、协调合作，共同发展，形成和谐的教学生态。在校内课堂中，我们推行自主合作学习，鼓励学生自主学习和小组合作分享；在家庭课堂中，我们强调和谐美好的人际关系。在寒暑假期间，我们根据育人理念设计项目型假期作业，依托家长委员会，组织家长和孩子一起策划和实施。

在教育工作中，我们始终注重教师队伍的培养、课程的开发和课堂的管理，以便在新征程上推动学校事业的高质量发展。

五、守初心不忘党员职责，担使命永葆教师本色

党的十九届六中全会强调："党中央要求党的领导干部提高政治判断力、政治领悟力、政治执行力，胸怀'国之大者'，对党忠诚、听党指挥、为党尽责。"[①]面对艰巨的任务，我们更要坚持把党中央关于贯彻新发展理念的要求落实到实际工作中。

一是深学笃用。通过加强学习，确立对贯彻新发展理念的自觉和自

---

① 《中共中央关于党的百年奋斗重大成就和历史经验的决议》，人民出版社，2021年版，第28页。

信，真正做到崇尚创新、注重协调、倡导绿色、厚植开放、推进共享。我们需依照新发展理念的整体性和关联性进行系统设计，既要求真务实、稳扎稳打，又要与时俱进、敢于创新。在工作中，采用听、讲、看、写、学、研等多种形式，不断创新方法，通过改革贯彻新发展理念，坚持将新发展理念全面融入学习和工作中，确保学校教育各项工作取得实实在在的成果，切实提高人民群众的教育获得感和满意度。

二是坚持吃苦在前，享受在后。首先，我们要保持正确的心态。作为党员干部，我们应将个人利益放在一边，始终把广大人民群众的利益放在首位。回顾党的创立历程，大批热血青年为其奉献与牺牲，为我们树立了榜样。作为党员，我们应积极带头，勇于冲锋，始终把群众的利益铭记于心。

我们学校德育工作的总体要求是以习近平新时代中国特色社会主义思想为指导，全面贯彻落实党的二十大精神，坚持用习近平新时代中国特色社会主义思想铸魂育人，不断创新实践育人方式，丰富德育工作内涵，增强德育工作的实际效果，以此推动学校德育工作再上新台阶，为学校教育的高质量发展奠定坚实的思想道德基础。同时，我们要确保思政课开齐开足，推进学校党政负责人走进课堂，带头推动思政课建设。

三是赓续中国共产党人的优秀品质，永葆党员的先进性。秉持艰苦奋斗、开拓创新的精神，敢于担当、真抓实干。发挥求真务实的作风，奉献自我、服务人民，始终保持党员教师的先进性。坚持在学习中思考，在工作中观察，在实践中提高。努力做到干一行、爱一行、钻一行，力求精益求精。强化实践，磨炼内功，提升能力，坚定理想信念，陶冶道德情操，增长扎实学识，培养仁爱之心。树立"躬耕教坛、强国有我"的志向，坚守三尺讲台，潜心教书育人，以德为先，以德立学，以德施教。在新时代背景下，以担当精神和实干能力推动教育事业的发展。

贯彻新发展理念具有重大的现实意义和深远的历史意义。我们要将思想和行动统一，积极践行新发展理念，崇尚创新、注重协调、倡导绿色、厚植开放、推进共享，积极投身教育强国建设的伟大实践。相信我们必将在新时代新征程上创造新的成就，把民族复兴的宏伟蓝图一步步变为美好现实。

党建工作引领办学方向，思政课程厚植理想信念

——新苑小学"和润"德育教育成果简介

张　恒

学校教育，党建引领，育人为本，德育为先。新苑小学将"为党育人、为国育才"作为政治定位，落实立德树人的根本任务，强化育人责任。学校以"和"为价值理念，以"幸福工作，快乐成长"为办学理念，通过党建工作引领学校发展方向。围绕"以和至美、和而不同"的校训，我们坚持"育人为本，德育为先，全面发展"，将五育融为一体，逐渐形成新苑小学独特的"和润"德育模式。

一、明确育人方向，提高思想站位，彰显学校价值

近年来，学校在教育和育人方向上愈加明确，各项工作稳步发展，良好的政治文化生态逐渐形成，学校德育工作取得新突破，为打造人民满意的教育迈出了坚实步伐。

第一，新苑小学始终以习近平新时代中国特色社会主义思想为指导，紧密结合学校的办学优势和特色，全面加强思政教育体系建设，创新推进思政课程的实施。我们将党建和思政工作贯穿立德树人的全过程，坚定地把立德树人成效作为检验学校各项工作的根本标准。

第二，新苑小学致力于打造有思想的学校，实施有价值的教育，培

养全面发展的人才。我们坚守教育的初心，培养具有幸福感的学生，培养有思想力、领导力和创新力的社会主义建设者和接班人。通过课程熏陶、课堂学习、丰富的校内活动及校外实践，提升学生的综合素养，培养学生"健康快乐、德美善学、自主分享"的品质。

第三，学校明确了"全面发展，学有所长"的育人方略。为深入贯彻立德树人的根本任务，我们将立德树人融入思想道德教育、文化知识教育和社会实践的各个环节。学校的目标是"培养有道德、会合作、能自主、勇担和谐发展责任的人"。为了实现这一目标，学校扎根中华优秀传统文化，以培养学生良好的思想品德和健全的人格为基础，促使学生形成良好的行为习惯，以体艺特色教育为突破口，融入德育，推动智育，全面推进素质教育。

二、深耕育人土壤，研发德育课程，坚持"五育并举"

优质的课程是学生获取知识和技能的土壤。新苑小学以国家课程"道德与法治"为基础，精心上好每一节德育课，同时紧扣思政课程和课程思政的"双关键"，坚持"五育并举"，建设具有新苑特色的思想政治教育工作体系。学校以提升实际效果为目标，为推动习近平新时代中国特色社会主义思想进教材、进课堂、进学生心中，开发了一系列德育校本课程，引导学生从小立志向，热爱祖国，怀抱梦想。

第一，将"平语近人"作为学生思政课教材，帮助学生扣好人生第一颗扣子。为了推进习近平新时代中国特色社会主义思想及党的重要会议精神在学校落地生根，提高小学生的品德修养和奋斗精神，我校开发了"平语近人"校本课程。我们通过多种形式开展"平语近人"专题学习，开辟多渠道的宣传阵地，将"平语"真正送进课堂，让其深入学生的内心。师生在"讲经典""诵经典""思经典"等系列实践活动中，积极树立正确的德育观、人生价值观和社会主义核心价值观，切实以理论武装头脑、指导实践，争做习近平新时代中国特色社会主义思想的践行者。

第二，绘制社会主义核心价值观手抄报，将其融入学生的日常生活。社会主义核心价值观立足于中国的社会和文化背景，寄托着每个人对美好生活的向往，与我们的生活息息相关，是坚定小学生理想信念和厚植爱国情怀的基础。为增强小学生对社会主义核心价值观的认识，学校组织教师、学生和家长展开深入讨论，并要求学生以手抄报的形式将其表达出来。学生将对社会主义核心价值观的理解与自身生活实际相结合，以图文并茂的形式展现出来，真正做到入脑入心。最终装订成册的社会主义核心价值观手抄报，还成为学生交流学习的重要资料，促进了理解与思想的再生，激发了他们的创造性思维。

第三，引进校外资源，将街道文化转化为思政课校本教材。教育是培养生活中的人，因此我们要融合地方文化进行办学。随着衡水市城市建设的快速发展，街道文化绽放异彩。学校号召师生通过街道文化展牌，探讨"文明"和"规范"的内涵，感受家乡文化，增强文化自信和家乡情怀。我们与桃城区委宣传部携手，将周边的街道文化转化为思政课校本教材。目前形成的教材包括《从党的历次代表大会纵览党史》和《新苑学子话桃城》，街道文化已成为学生思想政治教育的重要资源。

第四，整合社会资源，建立"快乐周五"社团课程。我们遵循"把学生的兴趣发展为爱好，进而影响终身"的课程理念，以学生的快乐和幸福为出发点，构建"和雅"课程体系，目标是培养坚毅品格和多才多艺的学生。各社团依据学校具体情况，以学生和教师为主体，整合社会资源，邀请专业人员进行指导，培养德智体美劳全面发展的人才。目前，学校已成立100个社团，得到了广大学生和家长的高度认可。

三、提供育人保障，加强队伍建设，做好教科研工作

教师是人类灵魂的工程师，是人类文明的传承者，肩负着传播知识、思想与真理、塑造灵魂与生命、培养新人的重大使命。因此，新苑

小学致力于建设一支德才兼备的师资队伍，深入开展教育教学研究，为人才的培养提供坚实保障。

第一，扎实做好党支部工作，讲政治、强党性，充分发挥党员教师的模范带头作用。我校始终高度重视全体教师的党史学习教育工作。在调查研究和分析现状的基础上，针对存在的突出问题，我校制定切实可行的党员教师学习培训计划，保证工作落实到位、措施到位、人员到位。在学习内容上，我校督促党员教师深入学习贯彻习近平总书记的重要讲话精神，认真学习党史。在学习方式上，我校采取集中学习与分散学习相结合的方式，确保工作学习两促进、两不误、双丰收。通过教育，广大党员教师切实解决了思想作风、宗旨观念、纪律作风及实际工作中存在的突出问题。

第二，从师德师风建设入手，树立教师的服务意识，做到"打铁必须自身硬"。新苑小学根据学校文化特色，成立了由校领导、少先队组织、家委会及校外德育联盟单位组成的教育中心，健全立德树人机制，把立德树人的根本任务深度融入思想道德、文化知识和社会实践教育的各个环节，建立目标明确、内容完善、标准健全、运行科学的思想政治工作体系。德育教育中心负责师德师风学习材料准备和相关培训工作，通过培训，强化教师的理想信念，增强价值引导，厚植爱国主义情怀，培育和践行社会主义核心价值观。

第三，规划教师专业发展路径，提升教师个人素质与整体育人能力。教师的素质直接影响学生的发展。青年教师是教师队伍的中坚力量，学校鼓励青年教师积极参加教育理论学习，外出听课和交流，在实践中开阔眼界、提升教学技能。学校也鼓励青年教师主动承担校级及以上的交流课和公开课，参与各类教育教学展示活动。骨干教师需紧跟国内外教育动态，重视理论学习，及时总结自己的教学实践，并通过校际交流和专业培训加快成长。名师则需积极引领其他教师进行教育教学研究，总结教学实践，创新性地开发校本课程。

第四，强化课程思政意识，以科研提升思政课品质，助推学校教育高质量发展。教而不研则浅，研而不教则空。新苑小学以提升课堂教学质量、激发学生学习兴趣、培养学生自主学习和发展学生能力为目标，充分发挥科研在教育教学改革中的重要作用。学校组织全体教师深入学习各学科的课程标准，并以思维导图的形式总结提炼。各年级组自主研究《中国学生发展核心素养》的三个方面、六大要素和十八个基本点，将学生核心素养的培养与课程标准有效结合，并落实到教学过程中。在学校的积极引导下，我校已有八名教师申请了省、市级"德育课题"。我校教师在河北省思政课教师培训会上学习了《习近平新时代中国特色社会主义思想学生读本》，帮助教师充分认识《习近平新时代中国特色社会主义思想学生读本》的重要性，深入理解其编写意图和价值导向，切实落实习近平新时代中国特色社会主义思想铸魂育人的要求。我校教师的两节"道德与法治"课例被评为衡水市"百节优质课"，一节"道德与法治"课例被评为省级"基础教育精品课"。

四、整合资源，设计精品活动，丰富育人手段

资源是教育发展的基础。为了使学校的思想政治教育深入且广泛，我们通过"内建、外引、内练、外宣"的方式，整合各类教育资源，以丰富的活动形式达成培养优秀品德学生的目标。

第一，搞好内部建设，打造党史学习教育基地，让师生从百年党史中汲取奋进的智慧与力量。我们精心设立了党史学习教育文化长廊，形象地呈现出建党历程，为党员教师和学生提供了党史学习基地。这一基地不仅助力广大师生学史明理、增信崇德，还鼓励他们在实践中力行，以更好地理解和传承红色基因。

第二，充分利用校外资源，开发德育阵地，知行并重，让德育润物无声。学校加强与交警和消防支队的合作，开设"交通安全伴我行"和"消防知识记心中"等活动。此外，学校还邀请法律专业人员为学生讲解关于校园暴力和国家安全的相关知识。学校也组织学生参观了桃城区

建区20周年纪念馆、书画博物馆和雷锋纪念馆等爱国主义教育基地，帮助学生感受家乡的变化和文化底蕴，从而在学生心中培养起爱国主义情怀。学校还邀请专业医生开展爱耳、爱眼的大健康知识讲座，并在各班级配备心理辅导教师，为缺乏自信的孩子提供心理健康辅导。

第三，成立党史学习教育宣讲团，内练基本功，外宣中国共产党的优良传统，在参与中深化党史教育。我校培养了一批优秀宣讲员，成立了新苑小学党史学习教育宣讲团，轮流分享不同的党史故事，营造学党史、感党恩的良好氛围。同时，我还积极参加区委党史学习教育宣讲团，参与了10余次校内外宣讲活动，听众累计超过8000人次，有力增强了广大师生跟党走的信心与决心。

第四，开展党史学习教育实践活动。在校领导的指导下，我们全面开展党史学习教育，举办了一系列实践活动，包括"师生同绘，画说党史"的百米长卷绘画、以"童心向党，百年礼赞"为主题的六一文艺汇演、与共青团衡水市委联合开展的"青春向党，礼赞百年"庆"七一"系列活动，以及新时代好队员的星级推荐和"红领巾奖章"争章活动。此外，我们还举办了"讲好红色故事，传承红色基因"的红领巾讲解员比赛。通过"争当新苑好人"的长效德育实践活动，进一步锻炼学生的品德，培养他们对祖国、社会和人民的热爱。

五、家校共建，打造育人共同体，涵育成长环境

新苑小学重视家校协同，注重培育家校共识，形成一体化联动，努力打造育人共同体。

第一，整合社会资源，办好家长课堂。新苑小学提出众筹办学，与广大家庭、社会力量合作，成立家长委员会，并联手衡水市家庭教育协会和衡水学院教育系共同开设家长学校。家长学校分年级定期开课，针对学生在不同成长阶段所面临的问题，确定课堂内容。例如，在孩子刚入学时，家长课堂帮助家长了解学校的教育理念，并指导他们如何帮助

新入学的孩子养成良好习惯。而在学生升入六年级时，课堂内容则除了探讨如何引导孩子形成正确的友谊观和集体意识之外，还特别加入青春期教育的内容，以帮助家长引导孩子正确认识身体和心理的成长变化。家长课堂成为家校沟通的桥梁，是讨论家教问题的阵地，也是树立家风和学风的讲堂，更是家庭教育文化的平台。

第二，通过亲子活动，引导家长不断学习，陪伴孩子健康成长。新苑小学通过多种方式，鼓励家长参与学校教育的每一个环节。每年举办的诗词大会是我校的传统活动。在比赛前，学生学习和积累古诗词的过程都有家长的参与和支持。在诗词大会上，我们安排了亲子诵读节目，让家长和孩子一起在舞台上展现他们的成果。此外，微电影和微视频创作也是新苑小学策划的一项亲子活动，旨在寻找亲子眼中的美好，留下孩子成长的印记。这些活动不仅促进了亲子关系，也培养了家长平和的心态和宽广的教育视野，滋润了孩子的成长。

第三，以实践活动为纽带，牵引家校携手，形成教育合力，厚植育人土壤。学校教育需要家庭的积极配合，家庭教育也需要学校的指导。新苑小学利用寒暑假设置了相关项目，例如，在"家乡文化认同"项目中，由于孩子年纪较小、经验不足，学校邀请中国政法大学的28位志愿者共同引导家长参与，陪伴孩子在丰富多彩的实践活动中锻炼动手能力，展现独特个性，帮助孩子领悟中华传统文化的博大精深，理解传承中华优秀传统文化的意义与责任。假期结束后，我们以记录册的形式记录家长与孩子的共同成长过程。

六、构建科学有效的"和雅"评价体系，持续强化育人动力

新苑小学依托"和文化"环境，构建公正、立体的"和雅"评价体系，为优化思政品质、提升德育质量提供持续的育人动力。

首先，注重学生成长过程的评价，让学生在日常学习活动中体验成功和进步。过程性评价主要在课堂和学生的日常活动中开展，评价标准

由班主任和班委会与全体教师、学生共同制定，并在班内公开张贴。过程性评价能够有效引导学生关注成长的每个环节。这种评价方式突出了发展的目的，增强了激励功能，提高了评价结果的有效性，注重调动评价对象的积极性、主动性和参与性。

其次，建立班内奖励性评价制度，激发学生在校学习的欲望和兴趣。为了增强学校教育的吸引力，我校特别设立了"自由周三"活动。在这一天，学生如果通过努力达成了自己的目标，并经过自我反思和自主评价得到了全班师生的认可，就能享受"自由周三"活动中的一些自由选择。这不仅是对进步学生的奖励，也是对全班同学的激励。

最后，精准实施"快乐周五"社团评价，努力培养学生的兴趣和爱好。社团是由具有共同学习目标和追求的学生组成的团体，通过感染、示范、同化、激励等多种方式，帮助学生认识自我、挖掘自我、提升自我。为了更好地促进社团的良好发展，新苑小学在每学期期末都会开展成员的评价活动，同时举行社团成果展示活动，以激励成员间的交流与合作。

新苑小学通过继承"抱德炀和，和润万物"的文化理念，建立了以培养学生崇德践善、热爱祖国、奋发向上的优秀品德为目标的文化体系。通过明确育人方向、深耕育人土壤、提供育人保障、丰富育人手段、涵育全程育人环境和持续育人动力等六个环节，形成了新苑"和润"德育模式。这一模式旨在回归教育初心，坚持立德树人为先，形成育人闭环。

接下来，新苑小学将继续深入推进德育工作的实效性，推动实践活动的深入开展，持续落实和细化学生的思想品德教育，切实提升教师的育人能力，坚定履行为党育人、为国育才的使命。

用镜头记录美好，用榜样传递美德

焦　敬

少年儿童是祖国的未来，是中华民族的希望。习近平总书记对少年儿童的发展尤其关注。在学校这一重要的教育阵地中，如何将社会主义核心价值观的内涵与学生的特点相结合，并将其细化、落实到学生的行为规范中，成为我们亟待解决的重要课题。

一、践行社会主义核心价值观的初步探索

立人先立德。加强青少年思想道德建设，培育和践行社会主义核心价值观，是培养全面发展的社会主义建设者和接班人的必然要求，也是学校全面发展教育的基本组成部分。衡水市桃城区教育局根据中央相关文件精神，探索出一条新路子，即以身边的好人好事为主题，通过微电影的摄制，生动形象地展示身边的榜样，形成了学校、家庭、社会三位一体的育人环境，实现了互联网融合的创新德育模式。

我校积极响应桃城区教育局的号召，在践行社会主义核心价值观的过程中，充分利用现代媒体技术，运用微电影拍摄，形象生动地展示身边的榜样。我们依托互联网，传播社会主义核心价值观，传递正能量，教育学生在家做个好孩子，在校做个好学生，在社会做个好公民。

为了做好微电影的拍摄工作，我校专门成立了以张恒校长为领导的

学校影视摄制中心，由校领导班子成员带领全体教师成立微电影创作团队、拍摄团队和后期制作团队。我们特地选派三名教师去河北传媒大学接受专业摄影培训，并让他们将所学知识传授给其他教师。我们还购买了高标准的摄制器材，并在学校多处安放高清电子屏，以方便教师、学生和家长观看成片。

在拍摄之前，我们先在全校选拔了行为规范的模范生，聆听他们的美德故事，收集他们的先进事迹。基于这些素材，我们编写剧本，挑选演员，开展学生期待的既神秘又快乐的摄制工作。演员中有故事中的人物原型，也有愿意再现美好瞬间的旁观者。

我们成功录制的第一部微电影是《我的小学》。这部微电影讲述了一个孩子从懵懂入学到学有所成的全过程，故事充满了真挚的师生情与同学情。六年的学习让她懂得了自主学习、合作分享；六年的成长让她更加热爱生活，心中充满爱；六年的时光在她人生的白纸上绘出了五彩斑斓的图画，写下了精彩的人生畅想。这部微电影旨在宣传和谐、关爱、自主、互助。片中的演员是我们学校的教师和学生，他们成为校园里的道德明星，传播着正能量。这部以真人真事为原型拍成的微电影在全校播出后，得到了学生家长和社会各界的一致赞赏。在学校微信平台播出后，一天内点击量突破了5000次。

随后，我们又制作了微电影《课堂上》，这部微电影以师生之间的相互尊重和充分信任为主题。作为教师，我们以良好的师风师德感召和熏陶学生，相信每个学生都是最棒的。我们在生活点滴中渗透学校的教育理念，用包容的心去对待学生偶尔的调皮和任性，让忠言逆耳变成忠言悦耳。我们对学生的一声声"你好"给予积极回应，让学生在和谐交流中感受到尊重。我们像朋友一样理解学生，让他们更愿意跟我们交流，与我们分享喜怒哀乐。《课堂上》微电影一经播出，教师、学生、家长都深刻明白了相互理解、相互关爱的重要性。

以公益广告形式拍摄的微电影《让爱照亮你我的路，点亮未来》，则用镜头记录了小主人公们规范、美好的行为。学生们观看后纷纷效仿，校园里掀起了一股争当片中主人公的热潮，大家也带着这样的意识走向社会大家庭。

微电影《新苑有约》以毕业典礼为主题，向学生、家长呈献了一份特殊的礼物。教师用朴实而深刻的语言教育学生要懂得感恩，帮助他们建立正确的世界观、人生观、价值观。学生把规划好的人生蓝图以愿望卡的形式保存在学校，并承诺用一生去完成。我们想让学生明白，新苑小学是他们永远的母校，会一直关注他们的成长。

我们也以学生视角拍摄了微电影《新苑有爱》。教师节里，学生们给教师送上爱心贺卡，感恩教师给予指导关爱，感恩教师指引人生方向……学生学会了尊重，在尊重中用点滴的进步、优异的成绩回报教师，在尊重中变得更加懂礼仪、知规范。

这些微电影播出后，在学校掀起了学习与效仿的狂潮，友善、平等、自由、文明、和谐等成为新苑小学师生行为规范的关键词，社会主义核心价值观也以接地气的方式被广大师生践行着。

二、践行社会主义核心价值观的深度探索

在上述基础上，新苑领导班子又进一步拓宽了思路，要求学生不仅在课堂上、校园里践行社会主义核心价值观，还要带动家庭、社会共同践行。我们鼓励家长帮助孩子迈开腿脚，放开眼界。我们鼓励学生去参观博物馆，与知识渊博的人交流，或者与同学相约开拓自己的受教育基地。学生们用摄像机、照相机或手机记录了自己的社会实践轨迹。学生们参观了桃城区建区20周年博物馆，感受到家乡的巨大发展变化；学生们参观了市政道路建设，感受到国家的富强与进步；学生们参观了书画博物馆，了解了活字印刷术，感受到中国五千年文化的厚重；学生们走访了参加抗美援朝战争的老战士、老党员，聆听峥嵘岁月的光辉事迹，懂得忠于祖国、忠于人民的重要意义；学生们与仪仗队退伍老兵交谈，理解什么是爱国、忠诚、敬业；学生们看望了革命老红军，听每一

枚奖章的故事，懂得自由和幸福的来之不易；学生们参观了安平台城村的全国第一个农村党支部纪念馆，理解基层党组织建设的重要意义；学生们拜访了道德模范老人，听她讲述照顾孤寡老人的故事，理解助人为乐、不求回报的内涵。还有的学生专门乘火车去参观石家庄解放纪念馆等。

学生们将记录下来的感受通过学校的微信平台传播出去，实现了教育资源的共享。在参观走访的过程中，学生们接受了社会主义核心价值观的再教育，激发了参加社会实践的热情，也成为大家的榜样。

在整理学生交来的视频时，教师们也一次次被感动。我们感动，是因为学生们的心灵与社会主义核心价值观不断碰撞出火花。我们感动，是因为学生及家长对待微电影拍摄工作的认真。我们感动，是因为家长在这个过程中也体会到与学生共同理解和践行社会主义核心价值观的乐趣。我们感动，是因为我们正确高效的活动策划，为学生们打开了一片践行社会主义核心价值观的新天地。这项社会实践的教育意义，是在教室里无法实现的。

三、践行社会主义核心价值观的收获

微电影的拍摄是我们立足教育，践行社会主义核心价值观的一项创新活动。它作为学校、家庭、社会互动的桥梁，不仅可以弥补学校教育的不足，更能够把学生推向社会，让学生了解、认识社会。学生在拍摄中接受勤俭、忠义、谦让、孝敬等美德教育，并立志要做知识丰富、刻苦学习的小学生，在学校听老师的教导，在家听父母的教导，不辜负老师和家长的良苦用心，成为讲文明、懂礼貌的孩子，为祖国的发展作出贡献。

经过一系列活动，更多学生有了明显的变化。他们不断激励自己，争当礼仪标兵，争做校园之星。学校图书馆里出现了一批图书小管理员，操场上出现了一批秩序小管理员，班主任的小助理多了，校长的小

助理也多了……学生们锻炼能力，陶冶情操，形成了良好的学习习惯、劳动习惯和积极的生活态度。他们在学习中加强了自我修养，在社会实践中磨砺了心性品行，在与人交往中学会了理解与尊重。

实践出真知。学生在实践中学会思考、体验。通过拍摄作品，学生不仅增长了知识，开阔了眼界，更强化了自身的道德品质。这样的社会实践活动让学生更有爱心，更有社会责任感和为社会服务的能力。

家庭教育带给孩子的影响也是深刻的。微电影拍摄让学生在学习中建立起了正确的世界观、人生观、价值观。而这个过程，需要家长的全力支持，家长需要陪伴孩子共同学习、感受，积极带领孩子发掘美好素材。例如，在微电影的拍摄活动中，五年级一位学生的家长和孩子一起制订实践计划，准备摄影器材，帮孩子编写解说词。家长和孩子一起体会家乡变化，聆听道德模范事迹，了解党的发展历程，感受活动的意义。学校教育影响着学生，影响着家长，影响着社会，真正地体现了学校教育的意义。

弘扬社会主义核心价值观，是国家的需要，也是教育的大势所趋。我校在桃城区教育局的领导下，用微电影这一创新之举宣传社会主义核心价值观，是因势利导；学校作为践行社会主义核心价值观的主阵地，引导学生身体力行，用镜头记录美好的瞬间，是责任使然。学校的这一活动也获得了社会各界的认可，衡水市委宣传部及桃城区教育局给予了我们高度评价，并将我校的活动形式向全区、全市进一步推广，将我们的微电影作品上报给中央电视台，在全国范围内进行宣传，以期用强大的感召力去影响带动更多的人。

涵养"和文化"，树师德品牌

焦　敬

教师是教育之本，师德是教育之魂。新苑小学致力于构建"和"的育人模式，重视师资队伍建设，推动教师素养的提升，促使教师在教育工作中不断成长，并在"和美、和顺、和雅"的工作环境中形成"乐学善教、开放悦纳、尊重合作"的工作模式。

我校坚持将提升师德水平作为重要工作内容，通过制度规范推动师德师风建设的科学发展，通过学习研讨提升师德师风建设的内涵，通过主题活动打造师德师风建设的品牌，通过多维宣传推动师德师风建设的导向化发展，将师德师风建设贯穿教师管理的全过程，着重抓长效机制、内涵发展与创新突破，为师生的幸福成长和学校的长远发展提供有力保障。

一、经验做法

（一）以制度规范推进师德师风建设科学化发展

通过长期的工作实践，我们认识到，只有组织健全，并具备良好的运行保障机制，师德建设才能切实有效地进行。因此，学校成立了以校长为组长的师德建设工作领导小组。我们坚持将《中小学教师职业道德规范》等法律法规和有关文件精神落到实处。我们明确了教师队伍的工作方向：以师德教育为先导，以教书育人为核心，以素质教育为根本，全面提高教育教学质量。

学校制定了新苑誓言和新苑信条（新苑誓言：努力成为有理想信念、有道德情操、有扎实学识、有仁爱之心的新苑好老师；新苑信条：人人都有思想、人人都很重要、人人都需成长），要求教师始终保持实事求是、严谨细致、虚心好学、勤奋刻苦的态度，坚定终身从教的信念，做到"言教"与"身教"的有机结合，以高尚的师表形象感染和教育学生，真正成为学生灵魂的工程师。

（二）以学习研讨提升师德师风建设内涵

学校领导高度重视师德师风工作，将其纳入学校工作的重要议程，并定期召开专题会议研究落实各项任务。例如，学校经常组织教师学习与师德相关的法律法规，包括《中小学教师职业道德规范》《中华人民共和国教育法》《中华人民共和国教师法》《中华人民共和国义务教育法》《中华人民共和国未成年人保护法》《中华人民共和国预防未成年人犯罪法》等；组织教师参加教师职业道德培训，学习模范教师的先进事迹。

在学习方式上，我们采用自学、听辅导讲座、讨论等灵活多样的方式，力求达到最佳学习效果。教师在日常教学中应时刻严格要求自己，自我反省，以身作则，引导学生。例如，我们设定每周三为"反思日"，要求教师主动反思一周内的得失，为学生树立榜样。

（三）以主题活动打造师德师风建设品牌

学校在张恒名校长工作室的引领下，按照师德师风建设活动计划，定期开展系列活动。首先，学校在每学期的开学第二周召开一次家长会；学校在寒暑假期间召开两到三次的假期调度会；学校通过建立学生家长档案，随时掌握学生动态。所有教师，尤其是班主任，定期进行家访，以了解学生在家庭、社会的学习生活情况，并及时向家长反馈学生在校表现，争取获取家长的支持与配合。教师向家长宣传科学的教育思想和方法，虚心听取家长对学校管理、教师教育的意见和建议，形成学校、家庭、社会共同育人的合力。另外，每位教师在学年年末需撰写教育教学心得体会。

其次，在全体教师中开展读书活动。教师必须勤恳钻研业务，努力提高教育教学能力。为此，学校规定每位教师每学期必须阅读两本优质书籍并撰写读后感。通过这样的活动，我们旨在转变教育思想、更新教育观念，树立多样化的人才观和评价观，从而全面提高教师队伍整体素质。

最后，学校每学年开展一次"班主任工作经验交流"活动，使班主任明白"亲其师、信其道"的道理，并互相学习好的德育工作方法。

（四）以多维宣传推动师德师风建设导向化发展

1.师德师风专题教育

孔子曰："德之不修，学之不讲，闻义不能徙，不善不能改，是吾忧也。"[1]为进一步加强师德师风建设，张恒校长每学期组织全体教职工开展"新苑小学师德师风专题教育"培训会，要求教师做"两袖清风、廉洁自律"的新时代教师。

2.开展新苑教风专项学习

为加强师德师风建设，牢固树立"学生第一"的理念，努力办好"人民满意的教育"，新苑小学完善了教师守则，涵盖依法执教、爱岗敬业、为人师表、热爱学生、严谨治学、团结协作、尊重家长等方面。在学习会上，由教师代表逐条教授教师守则，确保每人必学、学必精透。学校还将教师师德师风建设与考核机制相结合，实现教师管理、考核的科学化、制度化，并形成长效机制。

3.开展班主任专项讲座

对于师生间、生生间因语言暴力引发的人际冲突等问题，学校采取专题培训形式，提升全体教师语言沟通能力。例如，学校邀请衡水学院

---

[1]《论语·述而》。

教授、国家二级心理咨询师王丽为全体教师开展以"拒绝暴力沟通，用爱创建无错区课堂"为主题的讲座，引导教师改变沟通方式，将爱融入课堂，以更好地服务于教育教学。

4.宣传引导，树师德楷模

以学习"身边的榜样"为引领，鼓励教师争当"最美教师""教书育人楷模"。积极树立宣传典型，用真人真事诠释师德内涵，传播正能量，倡导尊师重教的社会风气，进一步提升教师的职业荣誉感、幸福感和责任感。

二、工作成效

学校依托"和文化"推进师德建设实践，全面贯彻党的教育方针，落实立德树人的根本任务。我们鼓励广大教职工不断提升师德涵养，自觉淬炼师德师能，推动学校进入更广阔的发展空间。近年来，学校先后获得河北省文明校园、河北省课后服务示范校、河北省健康校园等荣誉称号，多位教师被评为河北省骨干教师、市级名师。

三、启示思考

我们坚持"办有思想的学校，建有思想的教师团队，培养有思想的学生，办好人民满意的教育"的教育信条，打造新苑品牌，挖掘每个学生的闪光点。

我校将师德建设与学校教育教学工作紧密结合，推动学校持续创新发展。下一步，我校将不断丰富和发展师德建设的内涵外延、载体途径，抓长效机制、内涵发展、创新突破，切实使教育走深、走实、走心，形成独具特色的教育品牌。我校将继续探索师德建设与教育教学工作在内容与过程上的深度融合，使师德建设成为推动学校高质量发展的助推器。

众筹共建，"和"育未来

——学校、家庭、社会协同育人的实践研究

张　恒

　　众筹办学是我在长期办学实践中形成的一种教育理念。教育主要包括学校教育、家庭教育和社会教育，任何一个人都无法仅依赖其中一种教育成长。虽然学校教育是学生学习和成长的主要途径，但它离不开家庭教育和社会教育的支持。家庭教育是学校教育和社会教育的起点与基础，而家庭教育和学校教育的成效则需要在社会这个大课堂中进行检验。家庭和学校是学生学习和成长的主要场所，任何一方教育的缺失都会导致教育的不完整。因此，家校共育是优质教育的前提。然而，家庭教育常常在学生成长过程中被忽视，缺乏系统规划。因此，我们亟须让家庭教育回归本位，让社会教育回归常态，让学校教育回归自然。

　　习近平总书记在全国教育大会上指出："办好教育事业，家庭、学校、政府、社会都有责任。"①2021年3月，《中华人民共和国国民经济和社会发展第十四个五年规划和2035年远景目标纲要》明确了"建设高质量教育体系"的发展主题，并提出"健全学校家庭社会协同育人机制"。同年7月24日，《关于进一步减轻义务教育阶段学生作业负担和校外培训负担的意见》（简称"双减"）颁布。2021年10月23日，第十三

---

　　①《习近平在全国教育大会上强调坚持中国特色社会主义教育发展道路　培养德智体美劳全面发展的社会主义建设者和接班人》，《人民日报》2018年9月11日。

届全国人民代表大会常务委员会第三十一次会议通过《中华人民共和国家庭教育促进法》（简称《家庭教育促进法》），该法自2022年1月1日起施行。这一系列政策法规的出台，将家庭教育推到了前所未有的高度，体现了党中央对家庭教育的高度关切，也彰显了我们做好家庭教育的紧迫性。

家庭、学校、社会三方形成教育合力，打造一体化育人环境，促进教育公平和提高教育质量已成为社会共识。作为教育主体，学校如何引领并协同家庭与社会教育，是我们教育工作的另一个重要着力点。我们应当重视家庭、学校、社会协同育人的价值和意义，积极探索家庭、学校、社会协同育人的新格局、新方式和新举措，从而实现有效的沟通与交流，共同促进教育事业的高质量发展。

目前，我校拥有4300余名学生和近200名教职工。2010年，我被调入新苑小学任校长，当时学校学生仅1200人，教职工不到50人。经过十余年的努力，我见证了学校的快速发展与进步，尤其在家庭、学校、社会协同育人方面，我们形成了独特的认识，深刻体会到家庭、学校、社会协同育人的重要性。

一、统一思想，寻找教育的同路人

（一）教育理念引领教育行为

学校、家庭和社会对教育的理解直接影响我们对学生的培养方式。作为教育工作者，我们有责任引导家庭与社会树立正确的教育理念。在新的时代背景和教育方针下，立德树人是教育的根本任务，为党育人、为国育才的使命已经为我们指明了方向。我们要当好教育的旗手，传播教育的价值。

（二）学习《家庭教育促进法》，形成家校合力共育人

父母是孩子的第一任老师，家庭是孩子人生的第一个课堂。《家庭教育促进法》强调了家庭教育的重要性，促进学校教育与家庭教育的相互配合，提升家庭教育的能力和水平。我校坚持家校携手，形成教育合力，营造健康、和谐的人文环境，开展学习宣传实践活动，共同推动学校教育、家庭教育的深入发展。

学校定期开展《家庭教育促进法》的宣传活动和学习会，旨在引导师生和家长树立正确的家庭教育观，使家长明确其职责、权利和义务，同时提升教师对家庭教育的了解，保障学生健康成长。学校通过主题班会向学生解读相关政策，使他们认识到家庭教育的重要性。学校还鼓励家长进一步关注孩子的健康成长，并利用节假日开展亲子活动，实现学校教育与家庭教育的有机结合。

（三）家校共育，优势互补

"教"在学校，"育"在家庭。学生的成长依赖于家庭和学校的共同参与，只有两者共同发力才能实现教育的更好发展。因此，增强家校之间的沟通与合作至关重要。家庭与学校共同承担学生的教育责任，相辅相成，实现优势互补，才是家校共育的关键。

家庭和学校在教育上各有所长，学生的健康成长离不开双方的努力。学校需摒弃传统思维，欢迎并鼓励家长参与学校事务；而家长则应配合学校，引导孩子形成正确的世界观、人生观、价值观。

（四）家校社协同育人，助力"双减"政策落地

"双减"政策是党和国家根据时代发展需求而推出的重要举措，旨在减轻义务教育阶段学生过重作业负担与校外培训负担，从而促进其全面健康成长。在这一背景下，进一步完善家校社协同育人体系显得尤为重要。

"双减"是一项全面的变革，旨在建立一个德智体美劳全面发展的高质量育人体系。它强调在提升课堂质量、丰富课后活动的同时，减轻课外负担。所谓"双减"，并不是单纯地让学生学习得更少、更简单，而是要让他们的学习变得更加丰富、自主和充满乐趣。

"双减"并不仅是一个"减"的过程，也有"加"的过程。减法是为了纠正和调整，而加法则是为教育的根本出发点提供支持。在这一政策的推动下，我们在课程开发、课堂教学、课后服务和作业设计等方面进行多元创新，灵活运用"减法"和"加法"，确保"双减"工作的平稳推进，赢得了师生和家长的广泛认可。

实现"双减"目标，不能仅依靠家庭、学校或社会单方面的努力。教育现象的背后是一个包含理念、方法与机制的复杂系统，涉及家庭、学校及社会各界的紧密合作和互动。唯有通过家校社的协同发力，"双减"政策才能真正落到实处，发挥其应有的作用和效果。

当前，我国在家校社协同上面临的问题主要是合作意识淡薄，交流沟通不足。往往只有在学生出现问题时，教师才会联系家长，这导致了真实情况反馈的滞后。同时，部分家长对教育的认识存在偏差，他们忽视了家庭教育的重要性，认为只要将孩子送到学校就行了。此外，家长和教师往往将注意力集中在学生成绩上，忽视了德育和心理健康教育。为此，家长和教师应共同努力，关注学生的全面发展。在此过程中，我校提出了"四分法"育人理念，通过校内教师与校外专业人员的合作，提高教育的精准性和服务水平。

首先，分段培养。根据学生的年龄与兴趣，提供适合其成长的课程服务。

其次，分档评价。根据学生的接受能力差异实施分档评价，给予不同层次的学生努力的空间。

再次，分层作业。针对不同能力的学生设计不同的作业，确保每位学生都能获得成长。

最后，分类实施。根据课程特点，合理安排课后服务的时间和频率，满足学生多样化需求。

二、众筹办学，为学生发展提供合适的教育

新苑小学倡导众筹办学，整合家长和社会资源，从学校、家庭和社会三个方面构建新型课堂，提供精准的教育服务。

第一，整合社会资源，建立"快乐周五"社团课程。通过社团活动，提升学生综合素质，构建以"和雅"为目标的课程体系，激发学生的兴趣与个性。"快乐周五"课程包括"三型六类"。"三型"指依据国家基础课程开发的"基础型"校本课程、以普遍提升学生能力为出发点的"发展型"校本课程与根据学生兴趣培养学生特长的"拓展型"校本课程。"六类"包括以六大核心素养为中心的六类课程。目前，学校已建有100个社团，得到广大学生和家长的高度认可。

第二，发展学生个性化需求，提供多元化课后服务。学校依托俱乐部和艺术中心，提供多样化的课后服务，减轻家庭负担，促进学生的专业化成长。学校利用托管时间，邀请专业人才进校园，对有合唱、舞蹈、绘画等发展需求的学生进行免费指导，为有专长发展需求的学生提供乒乓球、足球等托管服务。

第三，体教融合，培养体育人才，积极拓宽学生成长渠道。作为省体教融合试点学校、河北省首批奥林匹克教育示范学校和衡水市唯一的小学冰雪运动特色学校，我校建立了体教融合的新苑青少年（省级）俱乐部。学校依托俱乐部引进了足球、乒乓球、围棋、国际象棋、太极拳等专业教练，为学校培养体育人才提供保障。

第四，利用校外资源，开发德育阵地。学校联合多方资源，开展丰富的德育活动，培养学生的爱国情怀和社会责任感。学校加强警校共建，联合交警、消防支队开展交通安全伴我行和消防知识记心中等活动，带领学生走进交警和消防基地，邀请武警军官、民警等法律专业人员为学生讲解校园霸凌、国家安全知识等讲座，增强学生的法律意识和

自我保护能力。此外，学校充分利用衡水市爱国主义教育资源，组织学生参观桃城区建区 20 周年博物馆、书画博物馆、雷锋纪念馆等爱国主义教育基地。通过这些活动，学生能够亲身感受家乡巨变、文化沉淀，从而培养他们的爱国之情。

三、和育未来，打造衡水教育新力量

学校是育人的主体，家庭是育人的共同体，社会是育人的补充。学校教育、家庭教育与社会教育之间应形成相互支持、相互配合的关系。学校需主动帮助家庭更新教育理念，督促家庭承担教育责任，汇聚社会教育力量。

新时期的家校社合作应以学校为主导，家校社三方共同发力，形成以感召力、向心力、凝聚力为核心的同心圆。家长应保持良好心态，学校应积极沟通、展示、分享，社会应营造良好氛围。家校社协同育人是新苑小学工作的重要特色，我们将持续以学生发展为中心，探索协同育人机制，优化育人环境，共同为孩子的幸福成长奠基、护航。

新苑小学体育教育概况

张　亮

体育是提升学生身体素质的重要课程。新苑小学在强化和改进体育教育方面下了很多功夫，一方面，充分发挥体育课的作用，促进学生在"强筋骨、增知识、调情感、强意志"中全面发展；另一方面，大力推进体教融合，创新竞技体育人才的培养模式，为学生提供更多了解和参与体育的机会。

我校聚焦体育教育改革，秉持"把喜欢培养成兴趣，把兴趣发展为爱好，让爱好成就一生"的育人理念，开发了和雅校本课程。目前，我们已经研发了乒乓球、足球、篮球、网球、轮滑、跳绳、太极拳、围棋和国际象棋等特色课程，为学生提供了丰富的实践基础。我校的体育课程模式采用"2+1"形式，每周安排两节基础体育课和一节特色专项体育课。在阳光大课间活动中，体育教师还利用专业特长创编了简单易学的"手绢操""绳操""网球操"等，既丰富了课间体育运动，又满足了孩子们多样化的运动需求。

体育教师的专业能力直接影响学生在校体育活动的开展。学校一直注重提升教师的专业素养，不断创造条件保障师资力量，通过多渠道夯实体育教师基本素质与基本技能。学校还积极组织体育教师参与区级和市级的专业技能培训和比赛，提升教师的学习能力，更新教师的专业知识，并在回校后组织专题学习，以促进体育教师的理论素养与教学技能的提升。从学校层面来看，在每周一次的教研活动中，体育教研组结合自主合作课堂，致力于创新课堂教学和本土化内容设计。学校定期举行教师交流会，并组织体育教师赴外参观学习，以拓宽他们的知识面，促进他们的职业发展。根据校外培训内容，学校选派教师参与培训，促进体育教师的发展，构建和谐互助的体育教育生态。

在体育专项课程的实施中，新苑小学通过与体育局、体校及体育教育机构合作，引进更专业的教练员，以实现"资源共享、责任共担、人才共育、特色共建"的目标，在培养体育后备人才的同时，使学生热爱体育运动。自2017年建立新苑青少年体育（省级）俱乐部以来，学校探索并形成了"学校+俱乐部"模式的体教一体化管理模式，一方面，由本校体育教师与俱乐部教练共同授课，使每位学生都能接受专业训练；另一方面，对有特长的学生进行专项课后训练，为国家培养竞技体育后备人才奠定基础。

在确保教学质量的前提下，学校鼓励社会机构根据实际情况制定体育训练规划，确保日常体育课和课后训练的有效开展，同时积极筹划体育比赛。例如，学校每学年都会举办乒乓球、足球、轮滑等班级对抗赛，实现"班班有队伍，季季有赛事"。目前，学校已成功构建每学期的横向班级对抗赛和每学年的纵向年级对抗赛的梯队培养模式。此外，学校还组织学生外出比赛并邀请友谊队到校交流，以赛促练。借助2022年冬奥会的契机，学校建立了轮滑、速滑、滑轮等专业队伍。在体育局、教育局的协助下，学校组建了全市唯一的冰球队，并在全省冰球比赛中取得了优异成绩。

在绿色、协调的体育实践中，新苑小学收获颇丰。学校连续五年获得衡水市"市长杯"小学校园足球赛冠军。校乒乓球队的表现同样出色，先后有20多名队员取得一、二级运动员资格。校冰球队连年代表衡水市征战省运会，曾在省运会打进河北省四强。新苑小学湖城棋院代表队在2023年"保定宏屹杯"河北省围棋甲级联赛中获得第六名。

学校各项体育工作的迅速发展得益于教育教研的高质量引领。2022

年，张恒校长的《构建基于体育育人效能提升的体教融合模式》一文发表于光明日报。此外，张恒校长还主持了省级课题《小学阶段基于体育育人效能提升的体教融合模式研究》。在这些成果的引领下，新苑小学将继续坚持落实科研兴校理念，夯实学校体育发展的基础。

勠力同心，共育未来

袁梦柯

"世界是你们的，也是我们的，但归根结底是你们的……希望寄托在你们身上。"每当想起这亲切的寄语，我都深感教育工作者肩负的责任与使命。新苑小学秉承"为国培才，为党育人"的理念，始终坚持"和文化"的核心价值观。在市、区关工委的重视与支持下，在有关部门的紧密配合下，我们将关心下一代的工作放在首位，致力于优化育人环境，完善学校、家庭与社会有机结合的教育体系，培养德智体美劳全面发展的社会主义建设者和接班人。为此，学校开办了家长学校，通过学习交流、共同参与和互为服务的方式，提升教育功能，携手促进学生发展，共同培育未来人才。

一、师资队伍建设与培养

为高效办好家长学校，我校与衡水市家庭教育协会、衡水学院教育系、衡水市教育行政部门及司法局联合成立了家长学校。家长学校由新苑小学校长担任校长，衡水教育学院院长担任名誉校长，由心理学教授、教育行政专家、市司法局教育科的骨干、新苑小学的德育骨干和优秀班主任等组成教师团队，形成了一支多功能、多角度授课的教育团队。

为使各位教师的授课更具针对性和引导性，我们建立了两个基地和一个分教研室。我校与大学签署协议，设立教育基地，大学教师们可带领大学生深入班级进行观察与调研，了解学生的成长特点。同时，我校成立了市、区分教研室，由两级教研员驻校指导教育过程。此外，我校还与市司法局建立了青少年道德与法治教育基地，将法治教育融入校园。家长学校每次开课前，授课教师会集体讨论，交流问题，商讨课程设定，努力做到以问题为导向，确保课程内容易懂且实效。

二、教学计划安排与实施

新苑家长学校坚持以为党和国家培养人才为指导思想，以培养综合型人才为目标，统一教育思想，提高家庭教育水平，广开育人渠道。我校以年级或班级为单位，通过家长会、育子沙龙、主题实践活动等形式，将线上线下相结合，开展多样化的教学活动。

家长课堂主要在学期初、中、末开课，分年级针对学生不同成长阶段在家庭教育和个人成长中存在的问题，确定课堂内容。例如，每年九月初，学校组织讲师团在新生家长课堂疏理孩童初入学的心理，并与家长共同学习学校的"和文化"思想，使家长成为孩子成长过程的陪伴者和学校教育工作的支持者。其他年级段的家长课堂则更注重对孩子成长的认知，及时做好家校之间、亲子之间的沟通，实现同阶段家庭育儿经验的共享，确保家长在孩子成长中不缺位。

六年级学生逐渐步入毕业季，面临同学分离的惆怅和学业的压力；家长也对孩子步入青春期感到紧张和焦虑。此时，家长课堂会开设以"我与孩子共青春"为主题的心理辅导课，帮助家长更好地理解和尊重孩子，在意识形态、行为规范等方面起到榜样引导作用。

家长课堂会根据学生成长状况和家长认知的不同，分层组织开课。比如，新转入学校的学生家长会有专题内容；对于具有特长发展的学生，需及时做好家校之间的沟通，以保障学生的个性化发展；对于某些方面发展较慢的学生，学校会与家长共同努力，耐心守候花开。

分阶段、分层的家长课堂恰恰契合了学校"实事求是、和融共进"的教育理念，促进了家校之间的共生、共情、共享与共赢。

三、指导教材选择与应用

学校每年都会为校图书馆增添有关家庭教育的书籍和报刊，供广大家长自由借阅。学校还将党史教育内容融入家长课堂，夯实育人的思想基础。具体做法如下：

第一，将学习党史作为家长课堂的必修课。将党史教育融入家风建设和家庭活动中，培养学生从小热爱党和社会主义的情感。

第二，将学习雷锋精神延伸到家庭教育中。倡导学习雷锋所具备的信念、大爱的胸怀、忘我的精神和进取的锐气。鼓励家长和学生深入社区、走向社会，走进福利院，为孤寡老人送温暖，关心他人、帮助他人，回馈社会。在潜移默化中培养他们对党和人民的感恩之情。

第三，开展"唱红歌、吟党史"活动。将其与"庆三八"、校园文化艺术节和社团活动相结合，组织亲子共同唱响《跟着共产党走》等歌曲。在每周的社团活动中，组织学生朗读、吟唱和演奏同类型歌曲、诗篇等。引导学生传承红色基因，激励学生努力读书和立志建设美丽家乡。

第四，开展"缅怀革命先烈、追忆革命历史"活动。倡导亲子共同缅怀革命先烈，学习党在不同历史时期成功应对风险挑战的丰富经验，让革命种子深深扎根在孩子们的心田，达到学史增信、学史崇德的目的。

第五，开展"讲党史"宣讲活动。组建亲子宣讲团，利用班队会、"新苑之声"广播站等平台，进行党史宣讲。同时，在清明节、劳动节、建党节等重要节日或纪念日，邀请老战士、老党员进校园，讲述红色故事，为学生筑牢信仰之基，补足精神之钙，树立"请党放心，强国有我"的信心和决心。

此外，家长学校的教材还包括各种教育案例和主题实践，并让家长通过参与主题实践，体验教育过程。

四、活动开展方式与规模

为有效建立家庭、学校和社会之间的合作纽带，各班级成立了班级家长委员会。学校团结和组织关心教育教学工作的家长，成立校级家长委员会。各家长委员会充分发挥各自的集体智慧和力量，配合学校全面贯彻党的教育方针，加强学校精神文明建设，创造有利于学生发展的良好环境。

（一）"五项管理"齐参与，共同构建良好的学生成长环境

学校通过"致家长的一封信"的方式，广泛宣传"五项管理"对中小学生健康成长的重要性，提高家长的思想认识。例如，学校制定了《手机管理制度》，并成立了由家长参与的"进校园课外读物审核委员会"和"作业质量审核委员会"，指导家长合理安排孩子回家后的时间，让孩子做到劳逸结合、适度锻炼，确保孩子身心放松、按时安静就寝，保障充足的睡眠。

（二）为学校教育提供有力支持，最大化综合育人效果

学校邀请心理学专家为青春期学生开展相关讲座，并邀请在医院工作的家长为学生开展爱耳、爱眼活动等。学校为每个班级设有知心姐姐，为孩子提供专业的心理健康教育。

学校和班级的各种活动都离不开家长的配合与参与。例如，在运动会中，各班的班旗、吉祥物、班级口号和开幕式的精彩活动均由家长协助孩子策划；小记者、小摄影师、小裁判和小卫生员等角色也由相关专业的家长提前培训；在六一等活动中，由有舞蹈、武术等文艺特长的家

长为孩子们提供指导；在班级主题板报活动中，家长积极参与策划与设计；家长还主动带领孩子们修理破损的桌椅；等等。家长的每一次参与与合作，不仅是对学校工作的支持，更为孩子们树立了榜样，给予了他们力量。

五、成效评估办法与报告

家长学校的成功建立，有效发挥了教育社会化和社会教育化的职能。家长委员会在学校党支部的领导下开展教育工作，是学校教育的重要补充，也是争取更多社会力量办好学校的主要途径。家长委员会设立了社会资源团、活动策划团、后勤保障团和教学互助团，并以家长志愿者的身份参与学校教育的各个环节。

第一，参与学校活动策划，丰富学生的实践活动。我们成功组织学生参观衡水学院的生物标本馆，参观内画艺术展。每一次出行，家长委员会中的社会资源团都会提前联系参观场所的工作人员，规划路线，准备车辆，并由后勤保障团随行，负责学生的安全、参观过程的拍摄及补充讲解等工作。

每个寒暑假，学校会根据育人理念设计项目型作业，家长委员会则负责组织家长与孩子们共同完成。家长们相互监督，确保孩子们获得充分的自主权。家长们相互交流经验，让孩子们积极参与实践活动。例如，家长带领孩子们感受新农村的面貌，观察市政道路建设，从参观中体验家乡的巨大变化，体会富强的真正含义。

第二，家长委员会提供人力和物力，补充学校教育资源。家长委员会的社会资源团统筹各类资源，从资源库中选取具有医护、法律和心理等专业知识的家长，为孩子们普及相关知识；一些专业特长的教育工作者也参与学校的"快乐周五"社团活动；动手能力强的家长帮助学校建立劳动教育实践基地。

在学校推行的自主合作课堂改革中，教学互助团的家长们积极走进课堂，随时入校听课，了解教师的教学理念，及时反馈意见，并利用网络平台与其他家长进行交流，同时，积极配合教师，有效指导学生做好课后的复习和预习，大大提高了课堂教学效率。

新苑小学倡导众筹办学思想，成立新苑教育团队，为服务学生而努力。通过办好家长学校，新苑小学与广大学生家长在育人思想和目标上达成共识，在育人过程和方式上形成合力。通过学习、共享、参与和实践的家长课堂，学生们在"小手拉大手"的过程中，营造出良好的家风，在"大手托小手"的支持下，托起未来与希望。今后，新苑小学将继续与时俱进，齐心协力为党和国家培养人才，立德树人。

辛勤耕耘，热切守望

栾晶茹

近年来，在区关心下一代工作委员会（简称"区关工委"）的重视与支持下，在各相关部门的密切配合下，新苑小学关心下一代工作委员会始终将关心下一代工作放在首位。我校在"和文化"理念的指导下，以科学发展观为核心，致力于构建和谐校园，充分发挥关工委在学校的职能作用，采用多种形式加强对学生的教育，并取得了良好效果。现将我校关心下一代工作的经验介绍如下。

一、健全机构，提高全校师生的思想认识

为保障关心下一代工作的顺利开展，我校根据区关工委的部署，成立了关工委办公室，建立了组织机构。由校长担任组长，成员包括学校德育处人员、家长委员会代表、退休老干部和社会志愿者等，并根据实际情况不断进行调整。

为提高全体教职工对关心下一代工作重要性的认识，学校关工委定期组织学习活动，让大家明白关心下一代工作是实现国家和民族长远利益的需要，是发挥老同志优势、传承中华民族优秀传统、做好新时代接班人思想工作的必要举措。同时，学校关工委还充分发挥离退休教师的示范作用，关心和培养青年教师，提高他们的思想认识和业务水平，进

而提升教师团队的整体素养。

二、深化党史教育，打牢未来人才的思想基石

学校通过"永远跟党走"系列教育活动，坚定师生不忘初心、牢记使命的决心和信仰，做到学史明理、学史增信、学史崇德、学史力行。学校通过党史学习教育和实践教育，提升教师的政治素养，使他们以更加昂扬的精神状态投入教育，逐渐成为新时代爱岗敬业的"四有"好老师。同时，坚定学生跟党走的信念，使他们成为具有乐于奉献、敢于创新、吃苦耐劳精神品质的少年。

三、做好"五项管理"，全力构建良好的教育环境

第一，做好手机管理。我校制定了《手机管理制度》，对学生携带手机入校园进行严格管控。《手机管理制度》明确禁止学生在课堂上使用手机，任何教师不得利用手机布置作业或要求学生通过手机完成作业。同时，学校充分利用图书馆、科学实验和文娱活动等，培养学生在阅读、艺术、运动、实验和社交等多方面的兴趣，并对学生使用手机进行教育引导。

第二，做好睡眠管理。严格执行中小学上课时间规定。我校通过班会、心理健康教育和家长会等多种途径，广泛宣传充足睡眠对中小学生健康成长的重要性，提高教师、家长和学生的思想认识。我校还安排教师指导学生合理安排回家后的时间，鼓励学生劳逸结合、适度锻炼，确保身心放松、按时就寝。

第三，做好读物管理。学校成立进校园课外读物审核委员会，负责组织本校课外读物的遴选和审核工作，确保学生阅读的书籍健康且不会给他们带来额外的学习负担。

第四，做好作业管理。学校成立作业质量审核委员会，负责以下几

项重要工作：首先，严控作业书面作业量。小学一年级和二年级原则上不安排书面作业；小学中高年级的作业完成时间应控制在 1 小时以内，确保晚托服务时学生能按时完成作业。其次，教师先行体验作业。所有布置给学生的作业，教师应提前完成一遍，以了解作业的难易程度，从而更好地指导学生。再次，及时批改作业。教师需及时批改作业，不得要求学生家长代为批改。最后，关注学习困难的学生。教师应关注学习困难的学生，并利用课余时间进行辅导，帮助他们取得进步。

第五，做好学生体质管理。学校根据课程设置开设了体育健康课程，确保大课间的体育活动和每天一小时的锻炼时间。学校每学期进行一次全校学生的视力检测，并开展防近视主题班会和爱眼知识讲座等专项教育。此外，学校各教室已安装护眼灯，以保障学生的用眼健康。

四、多元课程开发，丰富学生综合素养

学习和掌握各种知识的过程是美德获得与完善的过程。为培养学生良好的道德习惯，我校整合社会资源，构建与学校文化建设相契合的多元化课程体系。

为了让多元课程顺利实施，我校统一安排课表，将周五下午定为"快乐周五"，在全校开展走班活动。面对师资匮乏的现状，我们积极与衡水学院建立合作关系，邀请声乐、心理、环境设计等专业老师前来指导。同时，我校鼓励从家长中挑选专业人才担任志愿者，并与优质教育机构合作，引入优秀师资。

五、构建德育共同体，营造全社会育人氛围

形成教育合力是做好关工委工作的必要条件。我们认为，学校教育是基础，社会和家庭教育是学校教育的重要补充，三者相辅相成。因此，我校努力构建省级德育共同体，营造全社会育人氛围。

六、开设德育阵地，社会各界共同关注学生成长

思想道德建设是教育与实践相结合的过程。在培养学生的思想品德时，我们不能忽视社会实践活动。通过开展有益于学生身心发展的社会实践活动，能够不断增强他们的社会责任感、创新精神和实践能力。

我校充分利用本地的爱国主义教育资源，组织学生参观市博物馆、书画馆等，让他们亲身感受家乡的历史变迁和深厚的文化积淀。我们希望通过巡学活动，把爱国主义精神深植于学生的心中，培养他们的爱国情怀、强国志向。我们结合社会资源，将"内画鼻烟壶""金鱼养殖基地""衡水博物馆"等地打造为学生德育学习的阵地，使学生在参观和学习中陶冶情操，锻炼自我管理能力，促进学生核心素养的提升和全面发展。

学校还将实践融入课堂，让学生在实践活动中学会团队合作、协调人际关系，体验关爱、责任与担当。我们通过鲜明的价值导向引导学生，以积极向上的力量激励他们，促进他们养成良好的思想品德和行为习惯。

七、构建劳动基地，整合城乡资源，助力学生健康成长

习近平总书记强调，"要在学生中弘扬劳动精神，教育引导学生崇尚劳动、尊重劳动，懂得劳动最光荣、劳动最崇高、劳动最伟大、劳动最美丽的道理，长大后能够辛勤劳动、诚实劳动、创造性劳动"。[①]这对学生的全面发展具有重大意义。为加强学生的劳动教育，新苑小学将劳动实践转化为课堂学习，学生通过实践活动学习团队合作、协调人际关系，体验关爱、责任与担当。

---

① 《习近平在全国教育大会上强调坚持中国特色社会主义教育发展道路 培养德智体美劳全面发展的社会主义建设者和接班人》，《人民日报》2018年9月11日。

关心下一代工作是一项伟大的育人工程，是永恒的教育追求。尽管我校在关心下一代工作方面已取得显著成效，但我校始终铭记"办好人民满意的教育"的初心，并将不断砥砺前行。

第二篇　和而不同教研明

新苑小学"N+3"校本教研模式

张　恒

为不断优化教师的教育理念，全面提升教师队伍的专业水平和教研能力，更有效地落实新课程标准，推动学生核心素养的发展，新苑小学以"高质量发展"为目标，围绕"强队伍、促教学、提质量、发展人"的工作思路，形成了"N+3"校本教研模式。

一、"N"指多种资源的整合

第一，我校依托省、市、区各级教研机构的培训资源，深入领会上级精神，明确研究方向，优化教研方法和质量；第二，我校利用校际资源，通过互相观摩、共同开展教研交流等方式，实现资源的共享，让教师们共同进步；第三，我校利用家长资源，通过开放课堂和家校共研等形式，增强家长对学校的了解，形成家校合力，共同育人；第四，我校充分发挥各级专家的资源，通过讲座、实践活动和课堂指导等形式，使教师和专家零距离接触，面对面帮助教师解决具体问题，提升教师的专业水平；第五，我校充分利用本校优质教师的资源，做好校本培训与学习，开展读书活动，相互学习，共同进步。

二、"3"指三条教研实施路径

第一条路径是由学校党支部牵头，成立教师学习中心。该中心成员由党员干部和热爱学习的教师组成，实行"一周三得"的学习札记制度，每月举行一次学习交流活动，学习习近平总书记的讲话，分享读书心得，提出对工作中遇到问题的看法等。在这些学习活动中，采用理论学习与实际业务学习相结合的方式，将提炼的新理念和解决问题的新方法及时推广到各年级组，并应用于教学实践。

第二条路径是通过学校教研中心，组织校内的教研活动。这些活动包括全校性的专题教研、跨学科合作教研和小团体教研等多种形式，旨在通过教研活动提升整个团队的育人能力。

第三条路径是依托教学工作室，有针对性地开展学科教研，使教研更具方向性和针对性。例如，依托"衡水市张恒语文名师工作室"，我校和来自城区及乡村多所小学的成员，通过线上线下的交流研讨，有效开展了语文学科的教研活动。此外，依托"河北省张恒名校长工作室"，各成员校的校长之间频繁交流办学思想，并深入开展了少先队工作和青年教师的听课评课等活动。在名校长工作室的引领下，我校成立了以校长为理事长的衡水市美育联盟，目前已有六十多所学校加入。衡水市美育联盟的成立提高了全市美术学科的教研广度和深度。

通过"N"个资源的分层互补和三条路径的点线面结合，新苑小学的教研活动具有了理论支撑与实践指导，主题鲜明且内容丰富，取得了丰硕的成果。此种教研模式的探索，促进了教师的内涵发展，积极推动了课堂教学改革的深入实施。

新苑小学自主合作课堂介绍

李凤霞

　　课堂是学校教育的主阵地。在新课程标准下，理想的课堂应是师生互动与心灵对话的舞台。我校倡导将课堂还给学生，推行自主合作课堂，努力为学生营造一种自由、自主、健康发展的学习环境。我校通过课堂教学，拓宽学生的思维，培养他们自强不息、敢于担当和追求真理的能力，促使学生的性格不断完善，素养不断提高。

　　我们在校内推广自主合作课堂，强调学生的自主学习与小组合作分享。由于学生的个体差异，例如他们的学习方法、效果以及解决问题能力各不相同，正是这些差异构成了自主合作课堂的基础。自主合作课堂将课堂过程分为预习、展示、教师精讲点拨和课堂评价四个模块，最大限度地实现新课程改革的"三维目标"，在教学过程中突出学生学习的自主性、参与性、合作性和探究性。在预习阶段，教师为学生设计导学案，涵盖学习目标、内容设置、自学程序指导、学习方法指引以及解决学习困难的必要支持，使学生在自主学习时具有明确的方向和目标，进而提高学习成效。在展示环节，教师鼓励学生积极参与学习活动，并根据学习需要，将学习目标中的重点和难点分解为多个任务，合理分配给各个小组，要求学生以小组为单位，通过板书、表演、口头汇报等多种方式展示所学知识、方法、过程和结果。自主合作课堂提倡"合作而不是竞争"，鼓励课堂为学生提供更多的心理支持和学习愉悦感。在这一过程中，教师的精心点拨有助于解决学生在自学和组内交流过程中无法解决的问题。

新苑小学的教师和学生在治学精神、态度和方法上形成了独特的新苑"和文化"风格。学生在学习过程中懂得沟通与合作，学会欣赏和采纳他人意见，并乐于分享彼此的成果与快乐。在尊重与赏识的课堂文化氛围中，学生成为快乐的学习者。自主合作课堂关注教育过程中的能力培养，鼓励学生更多地参与学习，锻炼学生总结、组织、提问和表达等多种能力，使每位学生都有机会在课堂上展示自己。

此外，自主合作课堂从激发学生兴趣入手，充分给予他们自主选择的自由和空间。教师允许学生在一定条件下自主选择同桌，自由调整座位，自愿选择班级工作，处理班级事务，让学生尽情地释放情感和智慧，满足内心需求。"快乐周五"让学生可以自由选修自己喜欢的校本课程，发展兴趣爱好，提升能力。这些都是自主合作课堂的有益补充和延伸。为了及时评估自主合作课堂的效果，我们还让学生每周进行自评反思，这也彰显了"心随我愿，和融共进"的校风。

学生在自主合作课堂和自主实践活动中，学会了自主探究、追求真理，培养了解决问题的能力和科学研究的精神。他们努力追求情感的真挚、思想的真实、个性的真切、品质的真诚。随着学校文化的深入推进，自主合作课堂模式必将对学校的发展产生深远影响，为学生的终身发展奠定坚实基础。

社团中锻炼，快乐中成长

焦　敬

衡水市新苑小学以"办一所受师生喜欢的新优质学校"为愿景，坚守教育初心，继承"和而不同，兼容并蓄"的文化观，在探索与实践中构建了新苑"和文化"体系。在这一文化体系下，新苑小学在课程设置上遵循"将学生的喜欢发展为兴趣，将兴趣培养为爱好，让爱好影响一生发展"的理念，给予学生成长所需的阳光、空气与土壤。

我们以学生的快乐为快乐，以学生的幸福为幸福，积极创造条件开设学生需要的课程，发挥教师的特长，构建"培养坚毅品格、多才多艺型学生"为目标的和雅课程体系。目前，我们已经开发了100门社团课程，学生可以根据兴趣进行选修。为确保和雅课程的落地，学校统一安排课程表，将所有班级的社团校本课程集中安排在周五下午。这一活动不仅让孩子们的学习生活充满阳光，也让他们在成长过程中享受快乐。

一、整合师资，众筹社团

学校从学生需求出发，开设涵盖德智体美劳各个方面的社团。面对丰富多彩的课程，学校面临教师人数不足和专业教师缺乏的问题。为此，我们积极与衡水学院建立协作关系，争取声乐、心理、环境设计等专业教师的加入；我们充分尊重本校教师的特长，鼓励他们自愿申报担任社团课程的教师；我们与社会办学机构合作，吸收优质师资；我们从家长中号召专业型人才担任教师等。通过整合各方面师资，扬长避短，我校建设了适合课程需求的专业教师队伍，为学生的综合素质发展提供精准服务。

学校还建立了新苑青少年（省级）俱乐部，并依托俱乐部引进了足球、乒乓球、围棋、国际象棋、太极拳等专业教练，为培养体育人才提供保障。每学期，俱乐部会组织多项体育赛事，让学生在专业赛场上得到更好的磨炼与提升。目前，我校的社团教师队伍共213人，保障了各个社团的师资和课程质量。

二、聚焦个性，全面发展

教育是一个民族最根本的事业，优先发展教育，培养全面发展的人，是教育改革和发展的重要方向。新苑小学和雅课程体系包括"三型六类"，如下图所示。

新苑小学和雅课程体系

依托"快乐周五"的实践，我们开发了相应的校本教材。根据经典诵读、国学班、金话筒、科学实验室等社团，学校开发出《另一片叶子》《新苑朗诵经典》《快乐学国学》《新苑小作家》《生活中的科学》等基础型教材；根据机器人、舞蹈班、棋之苑、体育等专业社团，我们开发了《乐高智趣室》《新苑梦想家》《快乐拉丁》《乐在棋中》《我爱书法》《古筝神韵》《轻松排球》《快乐乒乓》等拓展型教材。

三、关注未来，提升品质

学校培养的是适应时代发展的人。我们充分尊重学生的兴趣与需求，培养他们在生活、学习中的热情。例如，在文化类课程中，学生对古诗词表现出浓厚兴趣，我们便开设经典诵读、英语口语、绘本话剧等课程，让学生在理解的基础上深入剖析文学内涵，接受文学滋养。同时，我们开设艺术类课程如合唱、舞蹈、古筝等课程。通过长期、专业、系统的训练，让学生感受艺术，提升对艺术的鉴赏力并终身受益。

学校与衡水学院联合开设的心理类课程，如心情花园、沙盘游戏、情商训练等课程，帮助学生矫正偏差心理，适应身心发展规律，形成良好的品德。

我们开设的手工类课程如巧巧手、中国结、布衣坊等课程，让课堂成为学生了解生活、习得技能的天地。学生们在动手实践中，感受生活的乐趣，愈发快乐地学习。

四、体教融合，张扬个性

为增强学生体质，锤炼意志，我们将体育教育提到学校工作的重要位置。学校根据学生对体育课程的需求，引入足球、乒乓球、轮滑等项目。这些室外课程在满足学生专业需求的同时，增强了学生体质，促进了学生身心全面发展。围棋、国际象棋等室内课程则锻炼了学生智力，让学生享受博弈的乐趣。学校采用"1+1"教学模式，在每周体育课的基础上，针对有特长的学生开展每日专业训练，既增强了学生的体质，又培养了专业的体育人才。

五、多彩课程，美美与共

学校合唱团连续三年代表全市少年儿童参加烈士陵园的纪念仪式，为烈士献歌。学校舞蹈社团编排的节目屡获大奖，多位学生被选入省舞蹈队。乐高机器人社团也在各类比赛中取得优异成绩。学校科技社团还多次承办"中小学机器人、3D打印实验室装备暨教学应用培训会"。

我校的足球队员因表现突出被选入河北足球俱乐部，我校乒乓球队也在省运动会上获得多项冠军。2013年以来，有5名学生获得国家一级运动员证书，20多名学生获得国家二级运动员证书。

我校围棋社团在河北省围棋精英赛衡水站的比赛中斩获团体第一名，学校业余段位学生达到90多名，其中两名学生为业余五段选手。

我们始终坚信"修身正己，以德化人"，共同践行"和文化"思想，传承正气与发展愿景，致力于健康成长与各美其美的教育使命。我们坚守教育初心，立足国家需要，在"和文化"引领下，提供适合人才发展的教育，培养热爱祖国、立志为中国特色社会主义奋斗的有用人才。在全校师生的共同努力下，新苑小学通过改革与创新，获得了社会各界的认可，受到了来自香港、深圳、甘肃、山东等地的教育同盟的高度评价。我们将继续遵循习近平总书记的指导思想，携荣誉前行，为国家培养全面发展的人才。

新苑小学美育工作

李　伟

为深入贯彻落实习近平总书记关于教育的重要论述，进一步强化学校的美育育人功能，根据河北省人民政府办公厅《关于全面加强和改进学校美育工作的实施意见》的要求，并结合我校的工作实际，我对我校的美育工作总结如下。

一、指导思想

为全面落实党和国家的教育目标，新苑小学将社会主义核心价值观的培养和践行贯穿于学校美育的全过程，引导学生树立正确的审美观，陶冶高尚的道德情操，培养深厚的民族情感，激发学生的想象力和创新意识，使其拥有更开阔的视野和更宽广的胸怀。新苑小学以"和文化"为核心，践行"以和至美，和而不同"的校训，秉承"办有思想的学校，做有价值的教育，培养全面发展的人"的办学愿景，以美育人、以美化人、以美培人，将美育贯穿学校人才培养的全过程，致力于培养德智体美劳全面发展的社会主义建设者和接班人。

二、总体思路

美育作为立德树人的重要组成部分，能够有效促进学风和校风的建设，同时影响其他教育领域的发展。美育与德育、智育、体育和劳动技术教育相互依存、相互联系、相互促进、相互渗透。它不仅有助于德育，还能在智育、体育和劳动技术教育的教育实践中起到辅助作用。新苑小学以校园文化为切入点，以全面提升学生素质为目标，以丰富多彩的美育活动为载体，通过自我管理和自我教育，引导学生确立自己对美的追求，建立美好的品德。

三、美育工作现状

（一）美术教师队伍稳定

我校重视教师队伍建设和人才培养，学校目前拥有专业美术教师11人，其中3人为研究生学历。他们以先进的教学理念、科学的课程设置和专业的美术水准，充分应用知识的严谨性、美的结构性和深邃的内涵，感染和陶冶学生。学校积极整合教育资源，加强教师培训，不断丰富教师的知识储备和提升教师的专业水平，以满足学生日益增长的审美需求。

（二）校园文化和谐包容

我们将"和"作为学校文化的核心价值，不断深化和丰富学校内涵，营造和谐、自由、开放、包容的育人文化。师生共同践行"以和至美，和而不同"的校训。我校的"艺体苑"追求"和谐发展，和而不同"的文化精神，致力于通过主动参与、愉悦心境、张扬个性和和谐追梦等理念，发展学生特长，构建增强学生艺术和体育专业知识的特色课程。

（三）课程体系实践支撑

艺术学科是美育的主阵地，我校开设音乐、美术和艺术欣赏等课程，系统地普及美育知识，并充分利用一切可利用的资源，提高学生的审美能力。此外，依托师资队伍的整体规划，我们逐步开发了基础型、发展型、拓展型三级校本课程，构建了和雅课程体系。例如，我们秉持"将学生的喜欢发展为兴趣，将兴趣培养成爱好，让爱好影响他们一生"的理念，开发了涵盖音乐、舞蹈、书法、美术等项内容的社团课程。丰富多彩的社团活动旨在开阔学生的视野，发展学生的特长，让他们在美的享受中认识到快乐学习和健康成长的意义。

四、具体工作措施

（一）将美育融入各学科教学

各学科之间相互贯通，共同构成了学校教育的完整体系，而学科教学则是学校工作的核心环节，也是基础工作。将美育融入各科教学，不仅是美育工作的深刻体现，也是提升教育质量的重要方式。我校充分发挥各学科在美育中的主渠道作用，从不同学科、不同角度入手，多方位、多层次地实施美育，并逐步形成将美育教育渗透各科教学的教学模式。我校鼓励教师在日常教学中不断发掘美的素材，积累美的资源，为学生创造丰富的美的体验，以培养他们良好的审美情趣。

（二）完善美育评价体系

第一，制定一套符合美育特点的教学质量标准。将美育工作评价纳入人才培养工作评估指标体系，更加注重过程与效果的评价。我校通过学生参与情况、成果展示、问卷调查等方式对美育工作进行全面评估，并在每学期总结中对表现突出的教师给予适当评优倾斜和外出学习机会。

第二，细化学生评论。通过对艺术课程教师的走访检查，我校增加美育活动的相关评价内容到学生评价查核表中。评价主要从收集的资料、教学过程的表现及学生展示的作品等方面进行。以客观公正的评价激发师生参与艺术课程的热情。

第三，将学生的手抄报、校园广播以及班级绿化和美化活动纳入班级日常管理，形成良好的校园文化氛围。

（三）打造学校特色艺术街区

新苑小学致力于与高等院校及社会单位合作，为学生创造更广阔的学习平台和展示舞台。近年来，我校教育教学成果显著，我校已成长为省市级义务教育示范校。此后，我们更加注重学校文化精神的挖掘与传承，持续提升高质量办学内涵。张恒校长作为河北省名校长工作室的主持人，注重创新和实干，例如，他策划在政通街植入文化元素，设计景观，营造生机勃勃的文化氛围，创造良好的育人环境，打造独具艺术氛围的街区。

（四）丰富美育实践活动

校园环境对学生的成长产生潜移默化的影响，和谐美好的校园环境是一种无声的美育。我们通过绿化、美化和净化校园环境，让学生在美的熏陶中健康成长，使学校成为学生的学习乐园与生活家园。

我校定期组织多样的校园美育活动，如画展、节日小报、文艺汇演和班级黑板报等活动，以提升艺术实践的趣味性和吸引力，激发学生参与的积极性和主动性，逐步形成人人追求美、展现美的美育场景。

在校园美育活动的基础上，我校充分利用社会资源，为学生提供美育教学环境。例如，建立名师工作室，开展非遗进校园活动，拓宽校外美育研学基地，积极将社会资源引入学校美育教学等。通过开展这些活动，我们旨在让学生学会发现美、欣赏美、表现美，培养和发展他们的艺术特长。我们努力构建一个学校与社会互动互联、充满活力的美育新格局。

美育肩负着提高学生整体素质和塑造完美人格的重要责任。我们要在全校范围内营造浓厚的美育氛围，全面落实国家课程标准，建立完善的美育工作体系和科学高效的美育工作机制。我们力求将学校教育、家庭教育和社会教育有机结合，推动学校教育稳步向高质量方向发展。

扎根古典文化，传承优良品行

盛红真

经典诗词蕴含着丰富的优良品德。学校德育教育中心与教学科研中心共同组织教师对诗词进行分层和分类。"分层"是指根据学生的年龄特点和理解能力，将诗词教材由简到难地进行分年级编排。低年级教材主要以简单易懂、节奏明快的五言绝句和七言律诗为主，旨在培养学生的诵读兴趣，并用传统文化滋养学生诚实、谦让、勇敢等品质；中年级教材则注重唐诗和宋词的内涵，并附有详尽的注释，培养学生拾金不昧、团结友爱和助人为乐的品质；高年级教材则加入文言文等国学经典，旨在培养学生自尊自爱、正直坦诚、宽厚待人、守信用和勇于克服困难等品质。

一、开发诗词教材，润泽心灵

"学生发展"的指标不仅包括对知识、理解力和技能的评价，还应涵盖对思考力、判断力和表现力的评价，以及对兴趣、爱好和态度的评价。作为学校的组织管理者，我们需成为坚定的行动者和民族文化的守护者。我们认为，中华优秀诗词经过五千年的积淀，蕴含了丰富的品德教育内容，能够成为小学生德育的重要素材。因此，我们在新时代背景下，将"主动参与""激发兴趣""愉悦心境""张扬个性"等理念贯穿始终，充分发挥教师的智慧，挖掘传统诗词中的德育元素，开发系列经典诗词校本教材，让学生在古代优秀作品的熏陶中体会中华民族精神，润德润行，形成健康的人格。

德育中心将经典诗词按其蕴含的不同德育内容进行分类。第一，探索诗词中的进取精神。如"千淘万漉虽辛苦，吹尽狂沙始到金""咬定青山不放松，立根原在破岩中""不是一番寒彻骨，争得梅花扑鼻香"等诗句中所表现的自强不息、积极进取和百折不挠的精神，都是值得学生继承和追求的优良品质。因此，我们将此类诗词纳入教材，旨在让学生传承中华优秀传统文化。第二，弘扬爱国爱家文化。经典诗词中蕴含许多表达对祖国和家园热爱之情的作品，如"我自横刀向天笑，去留肝胆两昆仑""王师北定中原日，家祭无忘告乃翁""但使龙城飞将在，不教胡马度阴山"等，展现了历代人民深厚的爱国情怀。我们将其列入教材，帮助学生领略古人的赤子之心，以培养学生的爱国爱家情怀。第三，探寻诗词中的礼仪文化。礼仪是人类文明进步的象征，例如"仁者爱人，有礼者敬人""礼仪三百复三千，酬酢天机理必然"等诗句涵盖了用餐、问候及人际交往等方面的礼仪。我们将其纳入校本教材，力求通过经典礼仪的熏陶，增进同学之间的和谐关系，并为学生更好地融入社会夯实德育基础。

目前，学校开发的诗词校本教材包括《小学生必背篇目》（一、二、三册）《经典诗词》等。学生通过三个学段的系统学习，感知古代文学的深厚底蕴，传承中华优秀传统文化，培养爱党、爱国、文明、守纪、诚信、友善、感恩、孝悌、自主、坚强、博学、奋进、勤俭、健康、崇德、尚美等品质。

二、通过经典诵读，展现多彩之美

为营造浓厚的经典文化学习氛围，激发全体学生学习和背诵古诗词的积极性，我们充分利用课前和课后的业余时间，将诵读活动常态化。

各班级在课前十分钟学习诗词校本教材，进行经典诵读；在放学排队时段，充分利用时间背诵经典诗词。通过大量经典古诗词的吟诵，不仅锻炼了学生的记忆力，也培养了学生持之以恒和百折不挠的品质。学校还依托社团资源，开设经典诵读和诗词鉴赏等社团，深入剖析诗词韵味，拓宽学生的视野。在赏析中，学生逐渐养成了积极进取和奋进的品德，传承了健康向上的道德观与人生信念。

德育不仅是学生个人的事情，还需要家庭的支持。为了进一步激发学生的诵读热情，我们鼓励家长与孩子共同学习经典古诗词。各班的语文老师分组建立古诗词诵读的微信小组，每组选出一名家长担任组长，组内成员每天晚上发送孩子诵读古诗的视频进行打卡。组长负责统计组内成员每天背诵的题目，并将打卡情况汇报至班级微信群。通过家校联动，营造出浓厚的家庭诵读氛围。小手牵大手的亲子诵读形式，让更多的人了解了中华优秀传统文化，感受到古诗词的魅力。

三、通过经典活动，提升学生的道德素养

提升学生的道德素养，不应仅局限于课堂教学。为了调动全体师生学习和背诵古诗词的积极性，增强教师的集体荣誉感，学校特别策划了"诗意润童年，经典泽新苑"古诗词诵读活动。此活动旨在校内掀起传承经典的热潮，使学生在参与中接受优秀文化的熏陶，为丰富学校德育内涵和加强小学生的思想道德建设发挥重要作用。

"诗意润童年，经典泽新苑"活动从前期的诗文背诵星级卡评选开始。各班教师充分发挥班级智慧，组建古诗词诵读小组，进行周统计评比或班会擂台评比，并根据评比结果发放一星至五星星级卡。根据星级卡的获得情况，各班选拔出五星选手参加班内的擂台赛。班级通过自主设计的各类游戏竞赛环节，如古诗吟诵、诗句接龙等，最终评选出班级擂主。这种选拔方式全面调动了学生背诵古诗词的积极性，培养了学生的争优意识，增强了班级的凝聚力。

在擂台赛终极阶段，学校还组织了年级争霸赛，并邀请了多位专家进行现场点评。年级擂台赛形式新颖，结合多媒体和计时抢答等科技手段精彩呈现。各班的擂主身着汉服，共同吟诵佳作开篇。比赛分为四轮：第一轮"谁与争锋"，选手按顺序依次回答问题；第二轮"卓尔不群"，选手计时摆放诗句；第三轮"针锋相对"，采用飞花令的形式进行；第四轮"巅峰对决"，选手进行抢答。赛场上，小擂主们全神贯注地盯着大屏幕上的题目，生怕错过得分机会，每道题都在激烈竞争中结束。抢答环节更是将紧张气氛推至高潮，台下的老师紧张地握紧拳头，小观众们时而窃窃私语，时而为失分的选手感到惋惜。年级擂台赛不仅展示了各班擂主扎实的古诗词功底，也彰显了新苑学子的风采。

经典诵读比赛使学生在日常生活中养成诵读古诗词的习惯，让学生充分感受古诗词韵律美、语言美和意境美，提高学生的朗诵水平，提升学生对传统文化的热爱。教师和专家的点评，使学生在掌握古诗词中蕴含的深意的同时，接受了爱国、爱家的教育。经典诵读活动还帮助学生在继承和发扬传统文化时树立健康向上的道德观和人生信念。

经典古诗词思想深刻、意境优美、语言精练，早已融入中华儿女的血脉之中。它记录了中华文明的悠久历史，是我们世世代代传承的精神财富。在我看来，德育的目的在于实现个体的全面成长，而经典古诗词则是实施爱国主义、集体主义教育的优秀教材。学习经典古诗词有助于小学生形成积极向上的人生态度，培养高尚的道德情操。因此，如何利用经典诗词开展德育工作，是实现"和而不同、美美与共"的关键。学校德育中心以经典古诗词为载体，从课程、课堂、活动等多个方面融入经典，使传统文化在德育中闪耀光芒。

减负提质，点亮童年

焦 敬

作为小学教育工作者，我们应思考如何在课堂上帮助孩子汲取更多知识，在课下确保他们得到适当的运动和充分的休息，发挥他们的特长，激发他们学习的积极性。如何用我们的爱心和智慧点亮学生的童年，是我们不断探索的课题。提升教育质量，提高学生学习效率，让学生拥有一个充实而快乐的童年，是家长和社会对教育的热切期盼。在"双减"政策的背景下，学校教育需做好"减法"与"加法"，将"培养什么样的人，如何培养人"的思考贯穿于课堂教学、作业设计、课后服务、评价等各个环节。我们需要从学校到家庭，从教师到学生，汇聚各种力量，共同为实现"减负提质"而努力。

一、提升课堂教学质量，让学习变得轻松快乐

知识是人类文明的积累，是社会发展和技术革新的基石。课堂教学是学生学习文化知识的主阵地。在"双减"背景下，我们首先要进行的加法就是提升课堂教学质量。要做到这一点，教师必须不断提升自己的授课能力。新苑小学在课堂教学的精细化管理方面，经过三年多的探索，确立了以学生为中心、以学习为主线、以学情为依据、以习得为重点、以思维发展为目标的教学理念，因材施教，总结出一套教师善教、

学生善学的课堂教学策略。

（一）备好课是课堂提质的保障

新苑小学要求教师在课前必须做好"五备"。

第一，备课标。教师必须熟悉并掌握课程标准，才能抓住备课的灵魂，把握学生发展的主线。备课标要做到"四备"：一备学段课标。宏观把握学段的课程性质、结构体系、目标要求。二备学期课标。科学制定教学计划，合理安排教学进度。三备单元（章节）课标。合理安排课时，分解与组合教学内容。四备教时课标。明确课标的行为动向、行为条件和表现程度，区分内容目标所要达到的深度与广度。

第二，备教材。教材是众多专家用心血与经验编写而成的，教师深入理解教材是上好课的关键。教材不仅包括文字说明，还涵盖了图片、音像、问题设计、作业安排及阅读拓展等内容。

第三，备学生。教师教学应从有利于学生"学会"的角度出发。因此，教师需了解不同年级段、不同班级的学生在思想状况、身心发展、知识基础、学习能力、学习习惯及兴趣爱好等方面的差异，科学预见学生在学习中可能遇到的困难与疑惑。教师针对学生的需求进行教学，才能提升课堂效果，让学生在学习中感受到轻松与快乐。

第四，备预设。在教学预设方面，必须做到两个关键点：首先，教学思路要清晰。清晰的思路能展现课堂教学的节奏和美感。其次，教学思路要简明。简单明了的教学思路既便于操作，也能体现教学内容组合的层次感，确保教学步骤之间的衔接符合学生的认知规律。在设计教学步骤时，应避免两种倾向：一是过于粗略，难以扎实落实教学目标；二是过于细碎，无法深入教学内容，使各环节呈现蜻蜓点水的状态。

第五，备作业。教师在布置课堂练习和课后作业时，需做到稳健自信，同时应结合学生的实际情况，自编一系列针对性强的分层作业，以满足不同水平学生的需求。

（二）上课是学校教学工作的中心环节

课堂是提升教学质量的主渠道，是学生获取知识、发展能力、培养思维品质的重要场所。我校实施自主合作课堂教学，将总体教学目标设定为：以思维训练为核心，以能力培养为目标，同时兼顾情感与智力的发展。将课堂是否体现自主学习、探究学习、合作学习、实践学习作为考查教师教学能力和效果的重要依据。教师上课时需做到六个"有效"：第一，有效导入。在最短的时间内，以新颖有趣的方式吸引学生的注意力。第二，有效讲授。讲授要有节奏，并与重点和难点相适应。第三，有效提问（或有效练习）。情境设置要合理，问题应具备开放性和适宜的难度。第四，有效倾听。让学生感受到教师在耐心倾听他们的声音。第五，有效评价。根据学生的不同情况，给予针对性的指导。第六，有效板书。板书布局合理，书写端正美观，突出教学重点。

这种"备五类、提六效"的课堂教学策略，使教师认真授课，学生积极学习，显著提升了学生的学习效率。教师在教学中倾注了诚意，学生在学习中增强了信心。

二、减少作业负担，让自主回归本真

家庭作业看似平常，实则意义深远。第一，教师通过家庭作业可以了解学生对当天知识的掌握情况，从而及时调整教学方式和内容；第二，学生在完成家庭作业的过程中，能够培养积极的学习态度和良好的学习习惯。在"双减"政策的实施下，形成学校、教师、家长和学生共同参与的"统合"作业管理模式，能够有效保障学生作业的数量、质量和针对性。

（一）科学化的作业布置

为确保作业布置的合理性，学校专门成立了作业审查委员会，针对各班实际情况和当天各科学习内容，形成"任课老师设计→班主任综合评估→年级组长初审→作业审查委员会二审→向学生发布"的作业布置流程。在作业布置的整个过程中，我们坚持以下三个基本要求。

第一，涵盖面广。每周作业内容不仅涵盖语文、数学和英语等科目，还涵盖科学、音乐、礼仪等科目。以三年级为例，周二的作业涉及英语科目，周三为无作业日，鼓励学生自由开展拓展性兴趣作业，周四则布置科学任务，周五设计美术、音乐等科目的实践作业。

第二，针对性强。各班根据学生的实际学习情况和接受能力，以分档、分段和分层的方式布置作业。分档作业是依据每学期的教学安排和实践活动的数量，结合学生的年龄、个性特点，调整作业的内容。合理布置书面作业、科学探究、体育锻炼、艺术欣赏以及社会与劳动实践等不同类型的作业。分段作业是对于参与冰球、足球、乒乓球等训练的学生，适当增加文化知识的分量，在培养爱好的同时，关注他们知识和能力的提升；而对于不爱运动、对艺术和劳动兴趣不浓的学生，则减少文化知识的作业，增加他们在艺体方面的作业。分层作业是在确保大多数学生作业质量的基础上，对于一些接受能力较强的学生，教师将设计拓展型作业，帮助他们进一步提升基础知识。对于成长空间较大的学生，教师会尊重他们的个性，通过设计合适的作业，在课余时间巩固当天的知识点。

第三，总量限时。学校作业审查委员会对各年级作业总量和用时进行把控，确保高年级学生的作业在一小时内完成。如果有学生因特殊情况无法准时完成作业，允许学生向老师请假，但需说明原因。老师在了解情况后，可以在第二天采用不同的方式，帮助学生巩固前一天的知识点。

（二）多样化的作业设计

考虑到学生的兴趣爱好，作业审查委员会要求各年级组依据每天的课程内容，布置包括手工、科学小实验、绘画等多种形式的作业，实现作业形式的多样化。此外，针对低年级学生没有书面作业的情况，学校特别编制了经典诵读教材，以拓展他们的知识面。

为了让学生合理利用课余时间，学校特别推出了以下两个爱心设计。"自由周三"：每周三不留书面作业，学生可以利用这一天发展自己的兴趣和爱好。"开放的周末"：将每周末设为开放日，免费提供活动场地和专业教练，学生可以随时进入校园练习足球、乒乓球等，或与同伴共享快乐时光。这一设计旨在让学生劳逸结合，促进学生适度锻炼。

三、课后服务精准化，让童年多姿多彩

想要提高教育质量，我们不仅要关注学生是否会学，还要关注学生是否会玩。在这里，"学"指的是对各门文化知识的学习，而"玩"则是学生兴趣爱好的展现。新苑小学积极响应区政府和区教育局的号召，认真落实课后免费托管服务。

本着尊重家庭和学生的需求、安全托管和精准服务的原则，学校认真统计托管学生人数，合理安排教师，明确每天的值班教师及其具体责任，制定应对突发状况的方案。每位值班教师必须熟悉当天托管和不托管学生的名单，掌握每个学生的动态，并安排管理人员每天记录班级的托管情况，评估各班级的作业量及作业分层情况。

课后托管的质量体现了学校的综合教育能力。学校对托管师资进行合理调整，确保相邻两个班级至少有一名数学教师和一名语文教师在场，以便及时解答学生的作业疑问。此外，每个年级每天都有英语、科学等学科的教师参与托管，从而保障学生在各科作业辅导方面的需求。学校高质量的课后服务凝聚了教师的爱心，减轻了学生的课业负担，同时也缓解了家长的焦虑。

为满足学生个性发展的需求，学校提供了多元化的服务，促进学生在德智体美劳各方面的全面发展。学校利用托管时间，引入专业师资进校园，开设乒乓球、足球、合唱、舞蹈、绘画、手工等社团课程。这些

多元化的课程为学生提供了免费的专业艺术和体育服务，减轻了家庭的经济负担；同时，为有特长的学生搭建了成长的舞台，为人才的专业化培养打下基础，进一步提升了学校的教育质量和效能。

四、评价制度多维化，让童年熠熠闪光

评价如同指挥棒，教育则是一篇恢宏的乐章。在评价的引导下，教育得以激扬或沉淀。学校坚持以培养全面发展的人为目标，使评价内容多维度、有重点。以下以班级综合考评和学生学业质量检测为例进行阐述。

（一）班级综合考评

每个班级都是一个团队，是学校的重要组成部分。班级评价不仅能树立榜样，也是学校管理的重要推动力。班级综合考评具有三个主要目的：一是增强任课教师的凝聚力，充分发挥每位教师在班级管理中的智慧；二是提升学生参与学校各项活动、社会实践的能力及质量；三是促进班主任管理能力的全面提升，推动学生的全面发展。

班级综合考评的结果应该让班级的所有任课教师受益，这样每位教师都会全力以赴为班级的管理贡献智慧。

（二）学生学业质量检测

为了更全面、科学地评价学生，学校不再单纯使用分数来评价学生的各科成绩，而是实行分档式评价。考试结束后，教师将继续采用赋分形式阅卷，但该分数不得向学生和家长公布。按照要求登记后，学校根据学生的综合情况科学合理划分 A、B、C 档，而教师手中的分数仅作为对学生具体分析的参考。

分档评价代表着制度与理念的进步，旨在缓解学生的成长压力，减少家长的心理焦虑，有助于学生的健康发展。

减负提质并非难事，广大家长和教育工作者应牢记党的教育方针，尊重学生的成长规律和个性发展。我们不仅要关注学生所学的知识，更要关心他们的兴趣；不仅要关注他们是否会玩，还要关心他们如何玩、与谁玩。总之，只要心中有学生、眼里充满爱，我们便能找到适合学生发展的教育方式，点亮他们的童年，用我们的爱心和教育智慧培养学生的生命自觉。

"双减""双增"，体育先行

张广海

体育总局、教育部印发的《关于深化体教融合　促进青少年健康发展意见》明确指出，深化具有中国特色体教融合发展，推动青少年文化学习和体育锻炼协调发展，促进青少年健康成长、锤炼意志、健全人格。由此可见，没有体育的教育是不完整的，而离开教育的体育则是不牢固的。

然而，在实际教学中，小学体育教育面临着师资不足、场地匮乏、竞技体育后备人才缺乏，以及校内体育课程难以提升学生运动能力和培养学生体育品德等问题。作为传统体育项目校的新苑小学，在已有思想引领和成熟课程体系的基础上，提出了基于体育育人效能提升的小学阶段体教融合模式研究。新苑小学围绕"培养什么样的人、如何培养人、为谁培养人"这一根本问题，加强和改进学校体育工作，既发挥体育课"强筋骨、增知识、调情感、强意志"的教育意义，又积极推进体教融合，为学生提供更多了解和参与体育的机会，创新竞技体育人才的培养。

一、将校园文化与体育相融，形成独特体育观

体育观影响体育人才的培养。我们在长期的探索中，形成"体育不

仅仅是上好体育课，更是为学生提供更多的体育课程，强健他们的体魄，并挖掘体育专才"的大体育观。我们的大体育观下包含两个核心观念：第一，"把喜欢培养成兴趣，把兴趣发展为爱好，让爱好成就一生"的体育观。我们打破了"重智育，轻体育"的壁垒，依托俱乐部，根据学生的兴趣整合师资，开发多样化的体育课程，尽可能让所有学生都热爱体育。第二，"把天赋养成专长，让专长进一步提升，最终造就专业型人才"的育才观。对于具有体育天赋的学生，我们引入专业教练进行专才训练，实现体育专业人才的培养。通过整合资源和凝聚力量，学校形成了兼顾大众学生和专业学生发展需求的独特体育教育模式。

二、众筹办学，为体教融合提供必要的体制支持

新苑小学致力于培养学生的创新能力和综合素养，着力为学生提供适合其发展的优质课程。我们构建了涵盖德智体美劳的和雅课程体系。作为省级体育项目传统校和冰雪项目示范校，我校非常重视体育课程的开发。我们认为学生的文化学习和体育锻炼应协调发展、相辅相成。然而，在实际操作中，我们发现学校虽然拥有具有体育天赋的学生和体育训练场地设施，但在校体育教师开展体育项目训练时，往往只能达到表面水平。缺乏专业的体育教师，成为我们面临的实际问题。

于是，我们提出了众筹办学的理念。通过与体育局、体校和体育教育机构合作，引进更专业、更高水平的教练员。最终，在培养体育后备人才的同时，使每个孩子都能热爱体育运动。这也是我们体教融合的初心和愿景。

三、围绕体育项目，开发和雅校本课程

我们认为，一所优秀的学校必定能够为学生提供适合其发展的优质课程，于是我们开发了和雅校本课程。为了提高学生的专项水平，学校

依托和雅校本课程体系，推出了优质的校本体育课程，并利用每周"快乐周五"的社团活动时间，开展专项训练。同时，我们征求家长、其他任课老师和学生的意见，为专项体育队伍安排课后培训时间，以确保真正具备潜力的学生能够接受充分的专业指导和训练。目前，学校已研发乒乓球、足球、轮滑、冰球、滑轮、太极拳等特色课程，为体育的实际操作提供了坚实的课程基础，也为体育与教育的融合发展奠定了基础，满足了广大学生提高身体素质的需求。

四、提出"学校+俱乐部"模式，深化体教融合

我们认为，体育教育的专业化是体教融合成功的关键。我校借助专业机构的力量，结合"注重教体结合，整合资源，优势互补，完善训练和竞赛体系，开展课余训练"的理念，于2017年建立了新苑青少年体育（省级）俱乐部，推动体教融合的深入发展。最终形成了"学校+俱乐部"模式的体教一体化：一方面，体育课由本校体育教师和俱乐部教练共同授课，让每位学生都有机会接受专业训练；另一方面，对有特长的学生进行针对性的课后专项训练，为国家培养竞技体育后备人才奠定基础。

在专业团队的指导下，全体学生的综合素养得到了提升，体质也得到了增强。"体育+俱乐部"的模式有效解决了师资不足的问题，进一步提升了体育教师队伍的专业水平，提高了体育课的质量。

五、打造特色赛事，提高学校的专业水准

为了增强学生参与体育项目的兴趣，鼓励他们多参加比赛，体验团队协作的乐趣，并在比赛中找到差距、弥补不足，学校的体育科研团队积极讨论，完善训练与竞赛体系。在提升训练水平的同时，学校为学生搭建了丰富的平台，组织和参与各类赛事。每学期，学校都会举办班级

间的横向对抗赛，每学年则会组织年级间的纵向对抗赛。学校的各体育队伍不仅积极参加区、市级比赛，还邀请石家庄、保定、沧州等省内学校共同组织友谊赛，以期通过比赛促进训练、在比赛中成长。

2022年，冬奥会为我们发展冰雪运动提供了契机，学校的轮滑、速滑、滑轮和冰球等专业队伍备受学生和家长的青睐。在市体育局和教育局的协助下，校冰球队得到了更高规格的指导和训练。小队员们在球场上的默契配合和不断取得的成绩，不仅增强了他们的自信，也极大地宣传了体育教育的功能。目前，一批既有舞蹈特长又热爱冰雪运动的学生主动申请组建花样滑冰队，学校正在积极筹建，以满足学生的需求。

六、以体育为翘板，打通五育通道

在学校大体育观的引导下，我们意识到，体育锻炼不仅为学生的健康提供了坚实基础，也为学生的智育发展奠定了必要的条件。我们不仅在课间组织丰富的体育活动，也在课堂中穿插运动小游戏，以调节学生的状态，提升他们的学习效率。

我们创新性地开展"以赛代练、以赛促练"活动，鼓励学生在日常赛事中培养勇敢、机智、灵活、顽强和团结合作等优秀品质，进而实现以体润德的目标。体育与美育被称为"孪生兄弟"，两者相辅相成。通过体育活动，学生在展示强健体魄的同时，提升了审美能力，实现强身健体与美育的双重提升。学校积极开展体育实践活动，打通体育与劳育之间的壁垒，利用项目作业、劳动基地等平台，将强身健体与提升劳动能力相结合。学校以体育为翘板，打通五育之间的内在联系，不仅实现了五育融合的育人效果的最大化，也兼顾了德智体美劳全面发展的目标。

通过五育融合的探索之路，我们改变了学生和家长的思想观念，让每个学生都有出彩的机会。在教育探索中，我们提出了体教融合模式，这一模式源于我校全面育人的目标。在体教融合模式的实践中，我们发现在丰富的体育课程中，学生们的兴趣得到了极大激发，而这种兴趣正是他们融入学习的基础。可以说，我们的体教融合模式有效提升了体育育人的效果。一方面，学生的领导能力和协作沟通能力有了显著提高；另一方面，该模式为体育特长生提供了专业教练及成长规划，培养出了一批卓越的体育专才。

建设"体育强国"和"健康中国"是党的十九届五中全会提出的宏伟蓝图，也是我校体教融合探索之路的目标。我们期待每一堂体育课上都能发生精彩瞬间，每一个热爱体育的孩子都能够经历蜕变，每一位体育专才都能在成长中绽放光芒。

第三篇　心正气和教学活

学科教学融文脉，校园文化入诗篇

孙会芳

校园文化是学校在长期发展中积淀而成的，体现了学校的精神风貌，是影响学生综合素质培养的重要因素。它积极引导全体师生的人生观和价值观，是凝聚人心、展示形象、提高文明程度的有效方式，是学校发展的灵魂。

在学科教学中，校园文化如涓涓细流，悄然影响每位学生。在各个学科的学习中，学生不仅能够获得知识和技能，还能感受到校园文化的深厚底蕴，成为文化传承的积极参与者。学科教学与校园文化的紧密结合，使学校成为学生成长的重要舞台，为教育增添了深度与温度。这种文化的熏陶与滋养，将成为学生人生道路上的宝贵财富。在学科教学中有机融入校园文化，也将对学校的教育教学工作产生深远影响。

一、探索学科教学与校园文化的紧密联系：学科教学枝繁叶茂，校园文化赋彩华章

校园文化不仅塑造了我们的行为习惯，还影响着我们的思维方式。作为学校教育的重要组成部分，学科教学同样受到校园文化的深刻影响。因此，我们需要深入思考学科教学与校园文化之间的关联，以便让两者相互促进，共同创造更好的学习和成长环境。

首先，学科教学应深植于校园文化的肥沃土壤中。校园文化为学科教学提供源源不断的文化养料。在学科教学中，我们要注重培养学生的综合素质，将学科知识的传授与校园文化有机结合，使学生不仅能够掌握学科知识，还能感受校园文化的精神内涵。

其次，校园文化对学科教学起着积极推动作用。校园文化是一种强大的教育力量，能够影响学生的思想观念、行为习惯和学习态度。良好的校园文化能激发学生的学习热情，提升学生的学习效果，提高学生的综合素质。

最后，校园文化为学科教学提供丰富的实践平台和机会。实现学科教学与校园文化的相互促进与融合是一项长期而艰巨的任务，需要学校各方的共同努力。我们可以通过加强课程建设、丰富实践活动和提升师资培训等措施，让学科教学与校园文化相辅相成，共同为培养综合素质人才作出贡献。

二、制定学科教学的校园文化目标：润物无声滋嫩芽，文化花开遍校园

在明确学科教学与校园文化的联系后，我们需要进一步制定学科教学的校园文化目标。这些目标应关注学生的文化素养、人文精神和道德品质，以培养学生的综合素质为出发点，并结合校园文化的特点具体设定。第一，深入理解校园文化。师生需全面把握校园文化的内涵与特征，包括学校的办学理念、历史传统、人文精神以及校风校纪等，这是在学科教学中有效体现校园文化的基础。第二，在上述理解的基础上，制定符合校园文化特点的教学目标。例如，新苑小学秉持"和文化"的理念，倡导知行合一、和融共生、与时俱进、和而不同，强调在教学中创造和谐融合的情境，并增加探究性和创新性学习环节，从而在"和"的理念中培养学生素养。

三、选取富有校园文化内涵的学科教学内容：书香满校园，知识润心田

在选取学科教学内容时，应注重校园文化的内涵，结合学校的历史、地域和传统等特点，选择与校园文化相关的素材和案例。这不仅能增强学生对校园的认同感，也能帮助他们领悟校园文化的深厚意义。

首先，丰富教学内容。例如，在道德与法治课的"认识自己的校园"单元中，教师可以介绍校园的历史与特色，包括办学理念、校风校训等，让学生产生自豪感和归属感。其次，适当引入校园元素。例如，在语文课程中，教师可以引导学生观察校园的建筑风格与景观特点，并通过写作表达对校园文化的理解；在美术与科学课程中，教师可以鼓励学生了解校园内的植物、动物及建筑等；在春天，校园的各种鲜花盛开，教师可以引导学生观赏自然美景，通过绘画进一步加深对植物及景观特点的认识，既拓展学科知识，又加深学生对校园的情感联系。最后，展示校园文化作品。例如，在音乐课上欣赏校歌、美术课上讨论校徽设计的理念，利用电子屏播放学校的宣传片等，让学生更深入地了解校园文化，同时促进学科知识的拓展和深化。

四、营造富有校园文化氛围的学科教学环境：书香漫溢润学府，文化气息浸课堂

"书声琅琅伴桃李，桃李春风慰园丁。"这句诗生动展现了校园书香氛围与师生辛勤耕耘的和谐景象，表现出校园文化的独特内涵。在营造学科教学环境时，可以从以下几个方面入手：

第一，装点教室。在教室墙壁上张贴与校园文化相关的海报、标语等，营造浓厚的校园文化氛围。第二，巧妙布置空间。利用教室的角落和窗台，巧妙地摆放展示校园文化的展板、书籍和艺术品，让学生在潜

移默化中感受校园文化的气息。第三，举办校园文化活动。将文艺演出、讲座、展览等校园文化活动与学科教学有机结合，让学生不仅能学习知识，更能体验校园文化的魅力。第四，打造班级文化。每个班级可以打造属于本班级独有的班级文化，包括班规、班歌、班训和班徽等，让学生在班级中感受浓厚的校园文化氛围，从而增强他们的归属感和荣誉感。第五，借助校园广播传播校园文化。利用校园广播这一平台，播送与校园文化相关的音乐和文章，让学生在课余时间感受校园文化的熏陶，进一步增进他们对校园文化的了解与喜爱。第六，开展校园文化体验活动。组织校园文化体验活动，如参观校园、了解校园历史与文化，帮助学生更深入地认识和体验校园文化，从而更好地融入校园文化氛围。

五、提高教师素质对于校园文化在学科教学中的渗透至关重要：问渠那得清如许，为有源头活水来

教师作为学科教学的主导者，其文化素养和教学能力直接影响学生对知识的理解和对校园文化的领悟。正如诗句所言："问渠那得清如许，为有源头活水来。"只有不断提升教师素质这一源头活水，才能让校园文化在学科教学中更加灵动和深入人心。

为了更好地实现校园文化在学科教学中的渗透，我们需要加强对教师的培训和引导，提升他们的文化素养与教学能力，使他们在教学中传递校园文化蕴含的价值观和理念。应定期组织教师参加与校园文化相关的培训，提升他们对校园文化的理解和认同。这些培训课程可以涵盖历史文化、艺术文化、科学文化等不同领域，帮助教师全方位理解校园文化。

此外，我们还邀请具有丰富经验的教师分享他们在学科教学中成功融入校园文化的经验，以此激发其他教师的灵感与热情。同时，鼓励教师组成教学共同体，共同探讨如何在学科教学中自然地融入校园文化。

通过互相学习和指导，提升整个教师团队的教学能力。例如，新苑小学的校级名师工作室与研学小组采用"1+1+N"的组建模式，建立教学共同体，在和谐美好的环境中互学互助，共同成长，拓宽研修途径，创造性地开展工作，形成"乐学善教、开放悦纳、尊重合作"的新苑教师队伍。这正是"和文化"价值体系中教师队伍建设的生动体现。

我们定期组织教学观摩活动，学习其他教师在教学中如何体现校园文化，并对此进行评估与讨论，以及时发现并改进教学中存在的问题。我们还提供支持，鼓励教师继续深造或参加专业培训，以提升他们的教学能力与文化素养。学校教学管理中心定期组织校园文化研讨会，让教师分享他们在教学中渗透校园文化的经验或想法，帮助教师从不同角度理解和运用校园文化。

我们通过以上措施，提高教师对校园文化的理解与认同，增强他们的教学能力，使他们在教学中自然融入校园文化，帮助学生更好地理解与接受学科知识，同时为学生创造一个愉悦的学习与成长环境。

六、学科教学中渗透校园文化的方法：春风化雨，浸润心灵

（一）深入挖掘学科内容中的文化元素

教师在课程准备时，应深入挖掘学科内容中的文化元素，这些元素可以包括价值观、态度、习俗及历史背景等。将这些文化元素融入学科教学，不仅能让学生更好地理解课程内容，还能让学生更好地感受校园文化。教师还需把握"渗透时机"，根据教材中的具体内容、层次与重要性进行适当安排，随教学进度灵活渗透、因材施教。最佳的渗透时机应是自然合理的，不能牺牲教学内容的深度，更不能只顾教学而对"和文化"敷衍了事。教师须精心设计教学，充分运用先进的教学手段与方法，以实现事半功倍的育人效果。教师通过因材施教、寓情于教，将知识传授、能力培养、智力发展与思想陶冶有机结合，充分挖掘各学科教

材中的校园文化内容，让学生真切感受"和文化"引领下的价值体系，提升学生思想品德水平，逐步培养学生健康和谐、奋发向上的人生态度。

（二）创新教学方式方法

教师应尝试多种教学方法，如案例教学、情景模拟教学及角色扮演教学等，让学生在学习中深入了解校园文化。这些方法有助于学生将理论知识与实际生活相结合，加深对校园文化内涵与价值的理解。例如，在语文课《鹿和狼的故事》的教学中，教师可设计新闻发布会的情景模拟，帮助学生深刻认识维护生态平衡的重要性。在《比的意义》一课中，教师可通过教材、板书与课件的有效结合，营造"和文化"倡导下的自主合作学习氛围。在音乐课《摇篮曲》中，教师可从唱歌、伴奏与创造力等方面引导学生进行角色扮演，感受音乐所带来的平等、民主与和谐氛围。在四年级英语教学中，围绕"我的学校"单元内容，教师可将课文知识与校园文化相结合，开展一系列教学活动：首先，通过课件展示学校的建筑外观和内部功能室，让学生全方位欣赏校园之美，激发他们对学校的热爱，并促使其自主练习用英语描述不同活动室；其次，让学生分组讨论各自喜欢的活动室及喜爱的原因，带领学生到喜欢的活动室进行情景口语训练；最后，组织学生进行"我是学校小主人"讲解表演。整个学习过程充分体现自主选择与分工合作，沉浸式场景学习和创新性表演可以让学生在乐趣中提升智力与丰富情感。通过这些教学活动，学生不仅能掌握英语知识，也能感受校园文化的魅力，体现了"和文化"引领下自主求真、合作分享的课堂氛围。

（三）强化实践教学环节

通过实践教学，学生能够亲身体验校园文化的内涵与价值，从而加深对校园文化的认识与理解。实践教学可以在校内开展，也可以延伸到校外。学校秉持"把喜欢培养成兴趣，把兴趣发展为爱好，让爱好成就一生"的育人理念，开发综合课程，举办社团活动、文化节和学术讲座等各类活动。

以社团活动为例，学校依据自身情况和地方资源，在校园文化的引领下，从学生的兴趣出发，设计培养特长选修课。每门特长选修课都经过前期的调查评估、制定纲要、确定内容以及学校的审核和审批等流程，学生可以自主选择学习。这种做法不仅培养了各类人才，也使得学生在每周的社团活动中充满了欢乐，真正践行了"以和至美，和而不同"的校训。校外实践则采用项目实施和主题研学的形式，将课堂延伸至家庭和社会，丰富学生的社会经历。例如，组织学生参观文化园地、文化遗址和科普基地，参与社会志愿服务活动等。通过这些项目和活动的实施，学生学会了责任担当，学会了乐于助人。学生在实践中体验了爱，感受到了民族文化，更深入地理解了校园文化，并将其融入学习和生活中。

在学科教学中渗透校园文化，如同为学生的心灵注入一股清泉，他们在获取知识的同时，也感受到校园文化的深厚底蕴。这种培养方式不仅传承和发扬了学校的历史与文化，还关注了学生的精神生活和情感教育，帮助学生更好地了解自我、认识世界，提升了学生的综合素质和社会适应能力。这不仅是一种教育教学方法的创新，更是一种教育教学理念的进步。

课程改革下的小学语文教学方法转变

李　嫒

随着课程改革的深入实施，小学语文课堂的教学方法也随之发生了变化。作为新时代的语文教师，我们需要转变教育教学观念，帮助学生在自主学习和探究中找到学习语文的乐趣，从而为学生的全面发展以及高效语文课堂的实现奠定坚实的基础。接下来，我将从以下几种教学方法入手，探讨如何在课程改革背景下优化小学语文教学，以促进学生的全面发展。

一、问题情境创设法

问题情境创设法能够有效打破传统的教师主讲模式，促进师生之间的互动。教师应根据教材内容的需要，设计切实有效的问题情境，使学生在独立思考和解决问题的过程中，体会学习语文的乐趣。

以教学《永生的眼睛》为例，为了调动学生的学习积极性并提升他们的探究能力，我采用了创设问题情境的方法。首先，我引导学生思考以下问题：什么是永生？眼睛能否获得永生？文章讲述了什么故事？文章中的琳达的情感是如何变化的？温迪为何为母亲和外公的行为感到骄傲？……这样的设计不仅激发了学生的学习兴趣，还帮助他们深入理解文章的中心思想，进而真切感受作者一家的高尚品质。此外，这种方法还有效提高了语文课堂的效率，培养了学生关爱他人、无私奉献的优秀品质。

二、小组合作学习法

小组合作学习法是课程改革中积极倡导的一种教学方法，对于学生自主学习能力和合作意识的培养具有重要意义。因此，我们应将小组合作学习法引入课堂，通过合理分组和分工，将其有效运用于教学中，使学生在互动交流中掌握语文知识，为他们的全面发展打下坚实的基础。

以教学《难忘的一课》为例，我采用了小组合作学习法。首先，我按照"同组异质，异组同质，优势互补"的原则将学生分成不同的小组。其次，我通过有感情地朗读，激发学生作为中国人的自豪感，培养学生热爱祖国的情感。最后，让学生自主学习，并在小组内讨论与本节课相关的问题，例如：为什么这堂课是难忘的？文章中表达了作者怎样的思想感情？通过鼓励学生对文章进行深入讨论，帮助他们掌握课文的重难点内容，提升他们学习的积极性，为他们的全面发展奠定基础。

三、对比阅读教学法

对比阅读教学法是指将具有相似特征的文章进行比较阅读的教学方法，这种方法不仅能够加深学生的记忆，还对提升学生的综合能力起着重要作用。教师应鼓励学生在对比中进行阅读，通过帮助学生理解核心思想，提高学生的学习效率。在素质教育背景下，教师应有意识地为学生搭建自主学习的平台，让学生在对比中掌握知识，提升能力。

以教学《"精彩极了"和"糟糕透了"》为例，为了让学生真正感受和理解父母的爱，我引导他们将这篇文章与之前所学的《地震中的父与子》和《慈母情怀》进行对比学习。通过比较《"精彩极了"和"糟糕透了"》中父亲表现出的"严格的爱"与《地震中的父与子》中父亲的爱，让学生认识到尽管爱的表达形式各异，但其目的却是一致的。同时，通过对比阅读也让学生理解中西方母亲表达爱的方式的差异。这种对比阅读不仅能激发学生的学习积极性，还对培养他们的感恩之情产生积极影响。

四、小老师教学制度

小老师教学制度是陶行知先生提出的，是让学生教授学生。一方面，它能够激发学生学习的主动性，使他们真正成为课堂的主人；另一方面，也能打破传统课堂的沉闷，为课堂注入新鲜活力，对提高语文课堂的教学效率起到重要作用。

以教学《伯牙绝弦》为例，我采用了小老师教学制度。首先，让学生在课下借助字典自主学习生字生词。其次，在课堂上，我选择一两名学生负责教大家进行认读。最后，引导学生对文章中的一些重点句子进行解读，如"伯牙善鼓琴，钟子期善听"。这一过程不仅能够培养学生的自主学习能力，还能激发学生的学习积极性，促进高效课堂的实现。

总之，教学方法并非一成不变，教师应根据教材的要求，灵活运用恰当的教学方法，丰富课堂活动，在展现语文课程魅力的同时，使学生获得更大的发展空间。

情境作文教学点滴探讨

孙新荼

写作文，一直以来都是困扰学生的一大难题。许多学生因为无话可写，导致写作文变成了记"流水账"。通过深入分析，我发现主要是因为学生缺乏真实的生活体验。因此，教师应有意识地创设相关的生活情境，以境引情，以情入境，引导学生将眼前所见、耳边所闻、心中所想、身体所感，用文字真实地表达出来。这不仅解决了学生"无米之炊"的问题，也避免了无病呻吟。创设情境的方法有很多，我主要对以下几种方法进行探讨。

一、利用课堂创设情境

课堂是学生学习的主阵地，教师可通过课堂上的情境创设，引导学生感受美、鉴赏美、表达美和创造美。教师可以利用生活实际、实物展示、图画、音乐、语言以及表演等多种途径，创设丰富生动的情境，鼓励学生进行细致观察，使学生在这些充满美感的情境中产生共鸣，并激发他们的表达欲望。

（一）借助图画、录像、音乐等手段创设情境

情境有时体现在意境中，教师可以通过展示图片、播放录像或音

乐，再现生活的某种场景，营造某种氛围，激发某种情感，使学生自然而然地进入其中。例如，在教授四年级看图作文《战争中的孩子》时，我借助多媒体创设了情境。首先，我播放了《战争中的孩子》图片，引导学生仔细观察战争中的孩子的神态、衣着及其所处的环境，在观察时提醒同学们注意观察的顺序。接着，我让学生分组合作，将观察到的信息整理成一段话，比较谁的表述最有条理。随后，我播放了《战争中的孩子》的视频，展现敌机轰鸣、悲惨场面的情节。通过这些情景，学生深刻体会到了战争的残酷，激发了他们对和平的珍惜与热爱。在这次习作中，学生们写出了一篇篇呼唤和平的佳作。例如，我们班的××同学写道：

> 是谁让你遍体鳞伤，
> 是战争。
> 是谁让你骨肉分离，
> 是战争。
> 是谁让你流离失所，
> 是战争。
> 是谁让你的身边瓦砾成堆，
> 是战争。
> 你悲惨的哭声分明是在大声呼喊，
> 要和平不要战争。

这样真实的情感流露，读后令人震撼，直击心灵。

（二）情节表演融情

将抽象的文字转化为有形的语言、动作和表情的综合表演，是创设情境的一种常用方法。通过生动的表演，读者能够沉浸在情节之中，幻想自己成为故事的主角，充分体验角色的情感与心理。

（三）动手操作蕴情

通过绘画、剪贴、制作等动手操作让学生全身心地参与和实践，这不仅有助于学生形象化地感知事物，也能激发学生的亲切感，从而增强学生写作时的表现力和流畅度。例如，在学习写说明文《介绍我校的操场》时，我组织学生亲自到操场上测量了操场的长和宽，并让他们计算出操场的面积，估算可以容纳多少辆小汽车。通过实际测量，学生对操场的大小有了更加准确的认识，写作时便能"有话可说"。在本次活动中，我通过准确的数据和真实的比喻，让学生体会到说明文语言所需的准确性和用我们熟悉的事物作比照的说明方法，最终，学生写的作文既严谨又贴近生活。

二、在校园生活中创设体验情境

我校开展了丰富多彩的校园文化活动，为学生提供了展示才华的舞台。拔河比赛、踢毽子比赛、主题班会、读书节、社会实践活动以及各类学科竞赛等，让学生受益匪浅。我引导学生在丰富的校园生活中多留心观察，并用文字记录每次活动的过程和感受，这种方法使学生积累了大量的写作素材。

例如，在教授五年级第八组作文学习场面描写时，正好遇上了学校的拔河比赛。在比赛开始之前，我特别提醒学生观察整个比赛的过程，包括双方队员和观众的表情、动作与语言等，感受他们的情绪。如果有同学刚好参加比赛，我建议他们写下自己的感受。无论是观众还是队员，参与活动的他们都感受到了浓厚的欢乐氛围，并将这种欢乐用文字记录下来。我班的××同学这样写道：

2016年12月12日上午，新苑小学的拔河比赛正在进行中，现在是五（3）班和五（2）班的终极对决。同学们都已经各就各位，他们个个弓着身子，只等一声枪响，便可迸发出全身的力量。旁边的啦啦队也开始助威："五（3）班，加油！""五（2）班，加油！"随着"呼"的一声枪响，比赛正式开始。同学们绷紧了脸，瞪大眼睛，咬紧牙关，后蹲着身子，似乎每一个细胞都在用力。此时，啦啦队喊得也更来劲儿了："五（3）班，加油！""五（2）班，加油！"五（2）班的同学们简直像吃了大力丸，力量不可阻挡。眼看五（2）班胜利在望，五（3）班的啦啦队急得满身是汗，只能拼命呐喊助威。就在这危急时刻，只听到五（3）班的队员中有人急叫一声，大家一看，原来是"大力士"小家①。只见他将绳子绕到背后，像老牛拉车一样，硬生生地把绳子拉了回来！"五（3）班胜了！""五（3）班胜了！"五（3）班的同学们顿时欢呼雀跃，蹦跳着，拥抱着，操场上瞬间沸腾起来。

这篇作文，毫无疑问，足以称为佳作。

三、在温馨和睦的家庭生活中创设情境

家庭是孩子的避风港，也是他们表露真情实感最为直接的场所。为了让学生在作文中畅所欲言，表达内心深处的情感，我采取了以下方法，创设了丰富的体验情境。

我在班级开展了一系列亲情活动，如"给妈妈的小礼物""爸爸眼中的我""献给母亲的歌"等主题活动，并相继组织了征文比赛。通过这些活动鼓励学生用文字表达心声，升华情感。这些活动中涌现出了许多感人至深、催人泪下的亲情作文。

---

① 本书中的学生姓名均为化名。

四、在纷繁的社会生活中创设情境

社会生活蕴藏着丰富的作文素材，是学生习作的"大课堂"。我鼓励并引导学生走出校园，接触生活和社会。尽管学生的生活经验相对有限，但我鼓励他们抓住每一个亲身体验的机会，细心观察、分析周围的事物，感受现实生活，从中获取反映社会风貌和人情风俗的素材。我建议学生以日记或游记的形式记录这些经历，从而为写作注入鲜活的源泉。例如，我让学生利用周末时间去菜市场买菜并写成一篇日记。我建议他们向父母学习如何挑选新鲜的蔬菜，并详细记录买菜的过程和自己的感受。学生们兴趣高涨，纷纷写下了自己的真实体验和感悟。

总而言之，情境作文教学不仅能激发学生的写作兴趣，启迪他们的心灵，还能使他们写出来的作文内容充实、逻辑合理、情感真挚。通过这样的方式，写作成为学生主动乐意参与的活动，满足了他们在学习过程中的情感需求。

让计算教学成为学生的"乐苑"

——基于小学计算教学的思考

刘　敬

　　计算教学的单一与枯燥制约了学生计算能力的提高，这是所有数学教师面临的教学难题。我也一直在思考并寻求突破。近年来，在教学实践的基础上，我们新苑小学倡导并逐渐探索自主合作课堂教学模式。这一模式为如何将计算教学活动打造成学生自主获取知识的课堂提供了启示。在自主合作课堂的启发下，我结合个人的教学实际，摸索出了一条有效的计算教学之路，即"四段六步自主合作课堂"计算教学模式。其基本理念是：把课堂还给学生，让他们真正成为学习者，培养他们主动思考和求知的习惯与品质。

　　对于教师而言，这意味着要在课前精心设计教学活动，结合具体情境建立开放性课堂，以激发学生的潜能，提高他们的学习热情。通过自主参与教学活动，学生可以掌握各种计算和简算的方法，提高计算能力和数学素养，从而让计算学习成为一段"美味"与"有营养"的快乐之旅。

一、保持计算教学的各个元素均衡、丰富、全面，即"有营养"

要保证计算教学活动的"营养"，就不能只重视计算的结果，而忽视计算法则的形成过程和计算方法的概括。恰当的做法是，让学生在掌握基本知识和技能的基础上，培养他们获取知识的能力，进而使他们获得终身可持续发展所需的数学思维方法和求真达美的态度，这将点亮学生的思维。

二、使计算教学过程有滋味，即"好吃"

"好吃"是指将计算教学活动设计得符合学生口味，就像一道美食。我们的计算教学应充满活力与生机，让学生在愉悦的氛围中主动有效地学习。通常，学生们喜欢的计算课往往伴随着各种有趣的问题。因此，教师应放手让学生自己去思考、实践、发现问题并寻求解决方案，让他们互相讨论，教师则尽量作为问题的共同研究者，参与学生的交流。在这个过程中，让学生自主合作，归纳出计算的方法。如此一来，计算课便不会单一、枯燥，反而会成为有滋有味的"花样拼盘"。因此，"好吃"的计算教学应当富有情感、有趣且充满滋味。当然，这样的教学活动虽然在某种程度上不一定严谨，但适合学生的学习方式就是最美的教学。

三、集视、听、说、情于一体，将计算教学调制成"好吃又有营养"的美食

在这一教学模式中，教师如同导演，而学生则是课堂的主角。这要求我们在教学过程中改变以往的教学习惯，转变思维方式，不再仅仅关

注"我们要做什么"或"要学生怎么样",而是让学生在学习过程中自主参与,真正经历"数学化"的过程。学生们在观察、猜测、验证、推理和交流的过程中,积极愉快地投入到计算教学活动中。

以教学分数乘整数(如$\frac{2}{9}×4$)为例,我在课堂一开始就邀请学生以自己喜欢的方法来寻找答案。任务刚刚布置下去几分钟,学生们便纷纷举手参与,他们的许多解法让我感到惊喜。有的学生认为$\frac{2}{9}×4$是4个$\frac{2}{9}$相加;有的学生用方格图画法得出了$\frac{8}{9}$;还有的学生直接计算4×2=8,并保持分母不变,得出$\frac{8}{9}$。我立即提问:"为什么可以用4×2的结果作为分子呢?"这名学生挠头迟疑不语。接着,我引导道:"大家以小组为单位讨论一下,这是为什么呢?"这一提问引发了热烈的讨论,学生们纷纷发表自己的见解。在此过程中,我认真倾听学生的发言,帮助他们梳理思路,并引导他们讨论:"我们该如何概括分数乘整数的意义和计算方法呢?"在小组代表汇报时,我巧妙引导学生将自己的表达与书面语言连接起来,进而帮助他们培养抽象概括的能力和数学表达能力。通过这节课的学习,学生们不仅自主掌握了分数乘整数的意义、计算方法和规律,更重要的是,他们在自主学习的过程中真正领悟了数学探究中形成的数学精神和思想。我相信,这样的计算教学活动不仅让学生"喜欢吃",而且确实是"有营养"的。

四、"四段六步自主合作课堂"计算教学模式

具体而言,"四段六步自主合作课堂"计算教学模式包含以下内容。四段是以"问题情境—建立模型—巩固提升—延伸总结"为模式的自主探究学习方式。"六步"即激活、探究、升华、运用、拓展、总结。通过"四段六步自主合作课堂"的构建,大多数学生逐渐从以往被动接受

与机械训练的学习方式转变为主动参与的学习方式，这大大提升了学生的自主学习意识。当遇到问题时，通过自主学习与合作学习相结合的方式，有效培养了学生的团结协作意识。在从机械学习向探究学习的转变过程中，学生的探索创新能力得到了增强，自主获取知识的能力也显著提高，进而切实提升了计算教学的实效性。

第一步：激活。这是计算教学过程的第一环节，我们需要有意识地为学生创设问题情境，唤起他们的学习兴趣，让他们产生强烈的求知欲，从而以渴望的心态投入新知识的学习。在充分激活学生已有的知识与技能的基础上，还原计算原型，并迁移已有的计算方法，这对于提升学习效果至关重要。

第二步：探究。当学生的已有知识被充分激活后，自主探究与合作交流便自然而然地成为教学的一部分。我们可以通过习题改编等形式，从旧知识平缓过渡到新内容，为探究新知识做好心理准备并提供方法支持。在这个环节中，学生将经历自主探究以及算理形成的过程，探索数学计算的多样算法，感受新旧知识的转变过程。

第三步：升华。通过自主探究与合作交流，学生可能会提出多种计算方法。此时，我们应及时组织学生进行计算方法的反馈与交流，鼓励他们分享计算过程，理解背后的原理。在这一过程中，学生通过合作来梳理知识，进而在他们的思维中构建起清晰的计算模型。这一环节不仅是对整节课所学知识的总结，也是一个知识升华的过程。

第四步：运用。在计算教学的模型运用环节，学生通过自主完成基本练习来巩固当堂所学的知识。这个环节的主要目的是加深学生对知识的掌握。

第五步：拓展。在巩固、细化、内化和优化了所建构的模型后，我们再设计一些综合性和挑战性的练习，让学生以小组合作的方式完成。这一过程将有助于学生更深入地拓展知识，提高计算技能，并深化对模型的理解和灵活运用。

第六步：总结。在这一环节中，教师应引导学生自主总结，帮助学生梳理知识，提升他们的总结能力。这不仅能承上启下，让学生对这一节课的内容产生深刻印象，还能够激发他们对将要学习的内容的期待。

子曰："知之者不如好之者，好之者不如乐之者。"掌握计算方法是教学的基本要求，而让学生在自主合作中愉悦地获取知识则是教育的艺术。在计算教学中，通过创设充满趣味的学习情境，我们能够使枯燥的计算教学焕发活力，更为关键的是，能搭建起自主合作学习的平台，让学生真正成为学习的主人。这样的教学方式将有助于提升他们获取知识的能力，为他们终身学习和可持续发展打下坚实基础。

第四篇　师生和谐情意浓

带着爱心做教育

彭志恋

没有爱的教育是不完整的。作为一名教师，站在讲台上，我该如何做好教师的角色呢？多年来，我不断反思，什么才是为师之道。直到班上发生了一些事情，我才找到答案。

记得在一个新学期刚开始不久，我患上了重感冒。为了不耽误学生的学习，我坚持用嘶哑的声音带病上课。在教室里，我常常看到一双双关切和心疼的眼睛；我的讲桌上，时常会出现一些药品。面对这些来自学生的关爱，我感到无比感动与满足。这种感动让我更加坚定了选择教育这条道路的信念，让我更加明白了自己肩上的责任与使命。学校的课堂是教师耕耘的责任田，也是学生们收获的庄稼地。只有在课堂上付出更多的汗水，在生活中给予他们更多的人文关怀，我才能对得起学生们那一颗颗炽热的心，才能无愧于"人民教师"的称号。

我们班有一位女学生，天资聪颖，学习成绩优异。但她性格内向，胆子小，不太合群，也不敢主动与老师交流。她写作业认真，从不马虎，但一旦写得有一点她觉得不满意的地方，就会立即擦掉重写，因此虽然书写工整，但速度较慢，常常最后一个交作业。

针对她的性格特点，我采取了一些措施来提高她完成作业的速度。第一，我及时与家长联系，了解家庭情况，并将孩子在学校的表现与家长沟通，以便把握最佳教育时机。第二，在课堂上，我有意识地多让她发言，特别是当她的回答有新意时，我会及时给予表扬，让她感受到发言的快乐。即使她的回答不够理想，我也会给予肯定，以帮助她培养自信心。第三，在她写字时，我则站在她旁边，及时给予指导，尽量让她一次性完成，不再反复修改，并帮助她养成一次写好字的习惯。经过一段时间的坚持，她写作业的速度明显改善。现在的她，不仅学习成绩优异，举手发言也积极了许多，课间时常与同学一起玩耍，笑声不断，还能主动与老师交流了。

通过这两件事，我更加清楚地认识到：爱与责任是学生与老师之间沟通的桥梁，是教学关系互动与和谐的保障。人的真诚是可以相互感受的，教师的真诚更是如此。只要在教学活动中尊重和信任每一个学生，关心学生，多与他们交流，给予帮助，就必然能够创造出一个和谐、向上的互动教学氛围，让学生更自信地面对学习。

回首过去，有付出的艰辛，也有收获的喜悦。作为一名教师，我愿用自己的爱心和知识去点燃这份教育事业。

教师是太阳底下最光辉的事业

戴巧敏

教师是太阳底下最光辉的事业，作为一名教师，我感到无比的骄傲与自豪。在多年的教育生涯中，我深知爱的力量是无穷的。当学生犯错时，教师不仅要动之以情、晓之以理，也要让他们明白老师是关心和爱护他们的，是为了他们的成长才会如此严格要求。

老师其实希望得到学生这样的评价：慈爱的母亲，严厉的父亲，知心的朋友，学习的榜样。而这就要求我们用爱来经营这份事业。

记得我担任班主任的第一年，有一次课间，一个学生的玻璃水杯掉在地上摔碎了。其他学生大声喊："老师，××的水杯摔碎了！"我急忙跑过去，提醒大家："离远点，注意安全，别扎伤了。"随后，我拿起笤帚和簸箕，把玻璃碎片清理干净，并安慰那位学生："以后不要再用玻璃水杯了，容易摔碎，摔碎了容易扎伤自己和别人。"我以为这只是一件微不足道的小事，大家很快就会忘记。然而，有一天放学时，她的妈妈来得晚，我和她一起在门口等。等了一会儿，她妈妈来了，向我道歉说："老师，抱歉让您久等了。孩子告诉我那天水杯摔碎了，是您帮她打扫干净的，她很感谢您。"我才意识到，虽然我只是做了一件小事，但在学生心中却是无比伟大的。我深深体会到：你的一举一动、一言一行都有可能在他们心底留下深刻的印象。

自学校实施自主合作课堂以来，在班级治理中，我始终坚持全员参与的原则，鼓励学生积极参与各项活动，并为他们创造各种机会。每一期的楼道园地都是由同桌或四人小组合作完成，有的画画，有的剪纸，有的写字，有的贴画，大家兴致勃勃。教室的板报也是根据大家喜欢的主题，学生自愿参与制作。每个学生都积极参与班级治理，真正成为班级的小主人。我们班级还形成了独特的文化特色。作为教师，我尽量为他们创造机会，让他们在主动中发展，在合作中成长，在思考中创新，实现心随我愿，和而不同。

我坚信，只要我们真诚地捧着一颗爱心，在实践中不断完善自己，形成系统的教学方法，就一定能够出色地完成教师的工作。

衣带渐宽终不悔

樊翠凤

1994年，我怀着对教育事业的满腔热忱和对学生的无限爱意，走上了三尺讲台，成为一名教师。转眼间，二十年过去了，我可以自豪地说，我将自己最美好的时光奉献给了教育事业。有人说，做教师累，做班主任更累。这话确实没错。然而，我多年的工作实践证明：班主任虽然辛苦，却也充满快乐！只要你热爱这份事业，无论多么艰辛，你都会感到幸福。

爱学生，就要时刻为他们着想。当我接手这个班时，我遇到了一位特殊的女孩。刚入班时，她的妈妈就告诉我，孩子患有先天性白内障，虽然做过手术，但右眼视力为零，左眼视力模糊，达到1000多度。她非常自卑，性格忧郁，不敢来上学。得知这一情况后，我更加关心她了，给予她比其他学生更多的关爱。为了让她能看清黑板上的字，我将她的座位安排在第一排，并尽量将板书写得大一些。课间，我会走到她的座位旁，询问她是否听懂了，并考考她是否学会了。只要她有不懂的地方，我就会耐心地给她讲解。

她虽然视力不好，但热爱学习，二年级时，团委得知了她的情况，便邀请她去做"追梦少年"的演讲。由于她的妈妈没上过学，不会撰写材料，于是指导她写演讲稿的任务就落在了我的肩上。每天晚上下班后，我便开始指导她写稿，同时向她妈妈了解情况。就这样，我熬了三个晚上，眼睛都熬红了，终于完成了稿件。接着，我一句一句地教她，并纠正她的发音。那段时间，我除了上课和备课，课余时间几乎都在为她的演讲忙碌。演讲的那一天，我为她梳辫子、化妆，老师们都说："你的老师跟你妈妈一样关心你！"当她成功完成演讲时，我激动地抱着她，流下了幸福的泪水。在我的影响下，其他同学也纷纷主动照顾她，陪她玩游戏。渐渐地，她融入了这个大家庭，脸上终于露出了久违的灿烂笑容。

我爱工作，胜过爱自己的孩子。女儿上小学二年级的时候，在一个初夏的早晨，我骑车带着女儿去学校，骑到半路上，女儿突然说："妈妈，我没有带作业，回去拿吧！"我的第一反应是：不能回去，回去我就迟到了，学生们还在教室里等着我上课呢！这时，女儿从车上跳下来说："你不跟我回去拿，我自己回去。"说完，她便往回走。看着她娇小的身影渐行渐远，我喊了一句："注意安全，让你爷爷送你上学。"说完，我就骑上车子赶往学校。到了教室，我开始忙碌工作，早已把女儿的事抛在脑后。等到所有事情忙完，才想起女儿来，她怎么样了呢？来上学了吗？这时已是第三节课，我心里慌了，急忙跑到她的教室，看到她正坐在教室里听课，这才松了口气。回家的路上，女儿告诉我，她看到我走了就着急了，拼命往家跑，但离家太远，跑一会儿就跑不动了，最后哭着向路人借手机给家里打电话，爷爷才来接她。回到家后，家人都说我太固执了，幸好有惊无险，要不然我可能会后悔一辈子。如今，女儿已经上大学了，她对那年我把她一个人留在马路上的事仍耿耿于怀，常常说我不是她亲妈。

我爱事业胜过爱自己。一直以来，我的身体都有些小毛病，颈椎不好，偏头疼，心律不齐……我常常羡慕那些身强力壮、毫无病痛的人。就是这样一个回到家就摊在床上的人，来到学校后却能忘记一切病痛，全身心投入工作，仿佛一头老黄牛。然而，病痛并不会因为我的勤奋而绕开我。今年九月份，我突然感到胃疼，食欲不振，胃里堵得慌，浑身无力。中午放学后，我去中医院就诊，医生诊断为胃炎，建议我吃中药，并提醒我注意情绪，千万不能着急。我每天都要喝两碗中药，饭量也很少，家人都为我着急，劝我暂时不要上班，在家休息。但是，我想到自己的94名学生，想到我是他们的班主任，如果我不去，他们就失去了主心骨，心会散，学习成绩也会下滑。他们马上就要毕业了，我必须坚持。就这样，整整一个学期，我在喝中药、检查身体的同时坚持上班，从未耽误过学生们的一节课。尽管我瘦了，但看到班上的学生学习进步了，我觉得所有的付出都是值得的。

不能长成参天大树做栋梁之材，不妨做一棵小草为大地献上一丝新绿；不能像太阳那样用耀眼的光芒照亮整个地球，何不做一只萤火虫，为黑暗增添一份微光；不能成为天之骄子，何不传承爱岗敬业的精神，为教育事业的发展贡献一份力量？既然选择了讲台，就选择了默默奉献。"衣带渐宽终不悔，为伊消得人憔悴。"我爱这三尺讲台，爱我的学生，我愿做红烛，燃烧自己，照亮他们前行的路！

沐浴阳光

何　倩

　　人们常说，教师是蜡烛，燃烧自己，照亮他人。然而，我更愿意将教师比作太阳，为学生指引前行的方向。教师不仅要自我燃烧，更要点燃学生心中的希望之火与智慧之火，激发他们的学习热情。

　　师爱是多姿多彩的，它在教育实践中凝聚成一种高尚的教育情怀。这种爱包含了对学生的了解和关心，尊重与信任，还包含了对学生严格的要求。我们用真诚和热情去填补学生情感上的空缺，用温暖和爱心解答学生内心的疑惑，用信心和关爱点燃学生心中的希望。

　　我的学生小浩（化名），父母的离异让他幼小的心灵遭受了重创。他习惯打架、骂人、说谎，甚至拿别人的东西，同学们不愿和他交往。

　　一次，我又听到了同学们的"控诉"：

　　　　"老师，小浩偷了我的笔！"

　　　　"他还偷了我的橡皮擦！"

　　　　"刚才下体育课回来时，他偷偷喝了我们的水！"

　　　　"我说他，他还踢我！"

　　　　……

　　听完同学们的话，我顺手拿起手边的一瓶水，一边看着瓶中的水，一边说:"老师现在很渴,可办公室没水了,这么好喝的水我真想喝呀!"听我这么一说,学生们纷纷抢着说:"老师喝我的水,我的水好喝。"有的甚至把水举到我面前。我一边走向讲台,一边问学生们:"你们为什么愿意把水给老师喝?"他们回答:"您渴了,办公室没水了,我们应该帮助您。"我接着问:"那如果你们的同学中有人也像老师一样,你们也愿意像帮助老师一样帮助他吗?"话音刚落,所有人的目光都到小浩身上。

我继续说:"我猜想今天小浩上完体育课后也非常渴,但他没有带水,对吧?"小浩不好意思地点了点头。我接着说:"如果你能像刚才老师那样,把情况告诉同学,大家一定会帮助你的。"这时,小威把水递给小浩说:"你喝吧。"当小浩感到不知所措时,我问:"同学们说你还拿了别人的铅笔和橡皮擦,能告诉我为什么吗?"小浩低声说:"我没带铅笔盒。"还没等我说话,他接着说:"我用完就还给他。"

于是,我对全班同学说:"今天的情况大家都清楚了,你们觉得自己刚才有做得不合适的地方吗?"刚才告状的同学纷纷表示,今后不能随便指责同学偷东西。这时,小浩扭捏地举起手,站起来结结巴巴地说:"我不应该随便拿同学的东西,踢同学的腿就更不对了。"看到这个眼中含着泪水,流露出自责和对同学的歉疚的孩子,我对苏霍姆林斯基的"有时宽容引起的道德震动,比处罚更强烈"这句话有了更深的体会。

虽然小浩不满8岁,但孩子再小也有独立的人格,同样需要被理解和信任。教师对孩子的理解和信任,恰恰是孩子成长的阳光和雨露。

此后,小浩再未发生过类似的事情。相反的是,只要同学中有人遇到困难,他就会热情帮助。例如,新年联欢会时,大家需要头饰,他主动送了好几个给同学。师爱使小浩发生了改变。有时,他会用胳膊抱住我的腰撒娇;有时,他把剥好的糖塞进我的嘴里;在给我的贺卡中,他写道:"我最喜欢的老师是您。"

爱如阳光。有人说:"即使全世界都看不起你的学生,作为教师的你也要欣赏、拥抱、赞美他。"教师是阳光的使者，为学生的世界升起最温暖、最耀眼、最美丽的太阳，照亮他们前进的方向，指引他们走向正确的道路，让他们无一例外地享受阳光的温暖，均衡地沐浴在爱的阳光中，快乐成长。

我的青春如此飞扬

劳春磊

"小时候，我以为你很美丽，领着一群小鸟飞来飞去。小时候我以为你很神气，说上一句话也惊天动地。长大后我就成了你……"每当听到这首歌，我的内心便会涌起一阵激动，久久不能平静。这首歌唱出了我的心声，唱出了我作为一名教师的骄傲与自豪。

一、忆往昔

2006年，我顺利完成了从学生到教师的角色转变。上第一节课的情景依然历历在目。阳光洒在操场上，年轻的我压抑着内心的激动与兴奋，向一群学生讲解课堂纪律和强身健体的重要性。学生们有些紧张，但从他们清澈的眼睛中，我看到的是友善和对体育运动的热爱与渴望。看着他们稚嫩的身影，我没有豪言壮语，却在那一瞬间下定决心：我要上好每一堂课，认真教好每一个动作，让学生们拥有健康的体魄，以更好的精神状态去面对学习，迎接他们美好的未来。

二、思现状

目标是行动的向导。课堂上学生们渴望的眼神成为我工作的动力，他们对体育课的喜爱，是对我工作的最大认可！当然，在这段旅程中，我也曾感到无助与伤心，但更多的是感动与快乐。这些学生让我意识到个体的共同性与差异性。随着新课标的推进，对体育教学的要求也越来越高，我们需要提高到一种让学生主动参与的境界。"教人未见意趣，必不乐学"，这句话深刻地揭示了兴趣对学习的重要性。学生的兴趣是提高教学质量的关键。如果在体育教学中只是一味地让学生反复、枯燥地练习动作，势必会降低他们的学习热情，甚至产生厌学情绪，无法达到学习的目的。教育家陶行知先生也认为，学习的过程是"趣—思—练—创"的过程。只有培养了学习兴趣，学生才能积极主动地投入到学习中去。

在上节课下课之前，我简要讲解并示范了"前滚翻、交叉转体180°和挺身跳"的动作。这节体操课开始时，我问大家："同学们，你们还记得我上节课最后做的那个动作吗？谁能给我们表演一下？"这时，我们班的孙同学自告奋勇，跑了出来。他打开垫子，迅速做出了完整的动作。"做得真不错！大家给他鼓鼓掌。"我高兴地说，并结合他的动作仔细讲解了动作要领。接着，我要求同学们在自己组的垫子上自行练习。然而，没过多久，部分学生开始显得不耐烦，有的甚至开始做其他事情。为了激发学生学习的积极性，我提议："同学们，老师来和大家比一比，大家一起来打打分，好吗？"同学们来了兴趣，纷纷表示赞同。

可由于我在学生们做准备活动时只是口令指挥，并没有和他们一起参与，所以在完成前滚翻动作后，我感到一阵头晕，接下来的交叉转体180°和挺身跳的动作显得有些勉强。刚做完，学生们就讨论起来，我微笑着说："没关系，大家可以随意发表意见。"然而，没人敢站出来说话。无奈之下，我只好点名："体育委员，你先来。"体育委员站出来说："老师第一个前滚翻动作做得很漂亮，虽然接下来的动作质量不高，但连贯性很好。"她刚说完，大家纷纷点头表示赞同。于是我说："非常感谢你的鼓励。还有其他意见吗？"学生们互相看了看，依然沉默。"孙同学，你来说说。"起初他支支吾吾不肯开口，但在我的鼓励下，他终于说道："总的来说，老师做得不错，只是做交叉转体180°时，转体动作不够彻底，导致后面的挺身跳有些偏斜。"听完后，我表示："评价得很好！我能看出每位同学都认真观察了我的动作，并进行了细致的分析。接下来，我会根据你们的建议再做一次，你们再来帮我打分，好吗？"学生们齐声回答："好！"

我活动了一下头部，深吸一口气，做了个优美的示范，学生们纷纷给出了满分，并热烈鼓掌。我高兴地对大家说："看来你们的意见很有帮助，让我有了这么大的进步！同时，我也想告诉大家，在平时的学习中，要多用眼睛去看，多动脑筋去思考，这样你们就能学得更好。老师相信，只要你们努力，所有的同学都能做到满分，对不对？""对！"学生们大声回答，个个跃跃欲试，开始在垫子上展示自己的动作。我观察了一下，发现大家的动作确实有了明显的提高。在练习中，学生们还互相帮助、纠正动作和评分。快下课时，我鼓励大家："你们表现得真棒！你们的动作做得很完美。希望你们今后多多给老师提出宝贵意见，发现问题我们一起解决，好不好？"课堂在同学们雷鸣般的掌声中结束。

三、展未来

通过实际教学工作，我深刻体会到：教师在教学中应想方设法为学生提供自主学习的机会，同时也不能忽视学生的需求和情感体验，帮助学生培养自主学习的能力，以促进他们身心的全面协调发展。教师要改变以往只注重知识技能传授的思维，应采用多种教学方法和手段，营造宽松的教学氛围，激发学生的学习兴趣；教师还应更加重视学生在学习过程中是否学会探究与分析，培养他们"知其然，更要知其所以然"的思维。同时，教师要鼓励学生分享感受，勇敢表达自己的想法，让每一位学生都能成为新课堂中的小主人。

学生们在体能上点点滴滴的进步，以及他们在操场上兴奋的欢呼声与呐喊声，激励着我对专业知识的深入探求与完善。一届又一届的学生让我保持童心，是他们延续了我的青春，充实了我的灵魂……我是教师，我骄傲！我是教师，我自豪！

一直在路上

李　媛

从事教育工作已经十年了，我从一名羞涩的大学生成长为能够独当一面的小学班主任。在这十年的磨炼中，我积累了不少经验。班主任的职责不仅在于教授课程内容，更在于培养一个健康向上的班集体，促进学生在各个方面的全面发展。为了实现这一目标，我付出了诸多努力。

一、落实班级公约：净、静、敬、竞

首先是"净"。从小学一年级开始，我逐步教导学生们如何擦桌子、扫地、洗手、整理书包等，帮助他们养成良好的卫生习惯。每天到校后，学生们首先整理个人卫生，值日生负责清扫过道和走廊，而前后门、讲台和园地等区域则由专人负责，确保卫生打扫既迅速又干净。

其次是"静"。无论在课堂上还是课间，学生们都不允许大声喧哗，课间活动也要求在操场进行。

再次是"敬"。我常常告诉学生们，尊重老师的劳动就是尊重自己。人与人之间的交往是相互的，只有尊重老师，理解老师的工作，才能亲其师信其道。

最后是"竞"。在教学中，我鼓励学生们积极竞争，努力在课堂上回答问题并在课后认真完成作业。每当学生们取得进步时，我会发放小红花，并在每周一进行总结。另外，十朵小红花还可以换取一张表扬信，表扬信将成为他们今后担任班干部和获得奖励的重要依据。每周和每月在园地展出画作和书法的学生也能获得小红花。

在这样的班级公约下，学生们形成了比卫生、比积极、比礼貌、比学习的良好班级氛围。

二、选拔优秀班干部，参与班级管理

班干部是班主任的得力助手，班主任需要培养一支威信高、能力强的班干部队伍。在我的班级中，班干部的分工非常明确，各尽所能，各司其职。班长负责课前纪律，确保课下教室内的安全，并及时向老师报告任何突发情况；学习委员负责布置自习任务，统计作业完成情况；劳动委员负责检查班级卫生；体育委员负责维护体育课纪律，组织放学时排队，以及监督课间操的纪律；文艺委员负责班级的板报和园地，随时检查和修改。

三、反思自己，学会示弱

一位有智慧的班主任必定是一个善于反思的人。有时看到学生的坏习惯，我会很生气，甚至批判学生。然而，在批评完学生之后，我会向他们道歉："对不起，老师刚刚可能语气不太好，但老师是真心希望你们能改掉坏习惯，尽快进步。老师也需要改进自己，冷静理智地处理问题。"

带好一个班级并不容易。但我相信，只要我充满爱心，真诚地关心和帮助他们，严格要求他们，细致入微地照顾他们，我就一定能成为一名合格的班主任。既然选择了教师这个行业，我就会义无反顾地走下去，并尽自己最大努力做到最好。我相信，我的心血能浇灌出一朵朵灿烂的花朵。

心中最美的诗篇

刘咏梅

教师是一个特殊的职业，它关乎心灵、生命与成长。教师的幸福与学生的快乐成长息息相关。唯有当教师拥有持久的职业幸福感时，才能在教育岗位上迸发出无限的热情与智慧。每位教师都应努力丰富自己的生活，学会快乐和优雅地追求幸福，并与学生共享这一份美好。

九个月前，由于工作需要，我走进了一个新的班级，担任数学课教师。说实话，我原本一直教语文，对于五年级的数学，确实感到有些无从下手。为了让学生们喜欢数学，我几乎每天五点多就起床，上网查找资料；课后还请教其他班级的数学老师，丝毫不敢懈怠。慢慢地，我发现数学教学是一份既有趣又富有研究意义的工作。在课堂上，学生们进行思维的比拼，展开对错的辩论，进行积极的合作。每当看到那一双渴望而充满信任的眼睛，我就感到浑身充满了力量，心中涌动着无比的快乐与幸福。

有段时间，学校正在排练大型团体操，紧接着又有六一汇演和演讲比赛。我每天都有忙不完的事情，包括带领学生一遍遍地练习团体操，和他们一起切磋演讲技巧等。看到他们一点点的进步，我心中充满了欣慰。和他们在一起，我仿佛年轻了好几岁。我们相处得非常融洽，共同经历了快乐、失落、痛苦与激动，心与心的距离也愈发贴近。

后来，由于工作内容的调整，我不得不离开这群可爱的学生。那是一个周四，我清晰地记得，上完课后我告诉学生们，从今天开始我将不再教他们。学生们立刻围了过来，有的握着我的手，有的紧紧抱住我，有几位学生甚至失声痛哭。我知道，经过一个多学期的学习生活，学生们信任我、亲近我，而我也见证了他们在礼貌待人、主动读书、主动思考、乐于助人等方面取得的巨大进步。学生们舍不得我，我又何尝不是呢？

第三节美术课时，韩老师告诉我，学生们都沉浸在与我分别的伤心中，无法静下心来上课。于是，师生们商量利用美术课为我制作一份小礼物。下课后，几位学生代表将全班同学的祝福送给我。当我看到那一张张留言卡时，我被深深打动了。"刘老师，您虽然不教我们了，但我们永远不会忘记您，五（3）班永远欢迎您，We are family！""刘老师，我能说此刻我最伤心吗？我爱您！""刘老师，我再也不惹您生气了，您回来吧！"……无论学生平时多么顽皮，他们始终是老师心中甜蜜的负担。

教师是幸福的职业。要想成为一名优秀的教师，首先要做一个充满爱心的人，把追求理想、塑造心灵、传承知识视为人生的乐趣。当我们对每个学生付出爱心与诚心时，就会发现，他们将组成老师心中最美的诗篇。

批评的艺术

潘玉琛

每个人都是独特的，作为老师，尤其是班主任，为了让每个学生都充满阳光与笑容，对于学生所犯的错误，我们应以平常心、宽容心和责任心来对待，这样才能达到良好的批评效果。

一、分析原因，针对性批评

当学生多次犯错误时，班主任在批评教育时应避免揭旧伤疤，而应就事论事，帮助学生分析错误的原因，明确错误的性质与危害，并引导他们进行反思。而一旦错误处理完毕，就不要再提起，要给予学生改正的时间。过多的指责可能会伤害他们的自尊心，让他们产生自卑心理。因此，班主任的批评应具有针对性，切忌揪住抓住小问题不放、借题发挥或夸大错误。

二、循循善诱，因人而异

在学生犯错或违反纪律时，班主任的批评应注意语气与语调的和蔼程度。温柔的语言会让学生的压抑心理变得轻松。班主任必须怀着爱心与理解心，平和地引导学生，让他们感受到你是真心在帮助他们，促使他们自觉认识错误并加以改正。

世界上没有完全相同的两片树叶，也没有性格与心理特征完全相同的两个人。因此，在对学生进行批评教育时，不能总是采用一种方式，而应选择适合的批评方式。正确的批评方式能够缓解学生的紧张情绪，调节他们的逆反心理，引导他们的态度从消极变为积极，提高他们的认知度与接受程度。教师在批评学生时应考虑学生的个性心理特征：对于内向、情感脆弱或多愁善感的学生，可以采用对比式批评；对于逆反心理严重的学生，宜用缓冲式或书信批评；对于依赖心理和试探心理较强的学生，应采取触动式批评；对脾气暴躁、容易被语言激怒的学生，应采用商讨式批评；对于爱面子的学生，可以随时随地轻描淡写地给予点化。

作为班主任，只有正确的批评方式是不够的，还需细致观察学生在批评后的表现与进步。哪怕是微小的进步，班主任也应及时给予学生表扬与鼓励，以便让他们在改进中不断前行。

付出爱，幸福满满

段永丽

作为一名教师，首先要爱孩子。苏霍姆林斯基说："什么是我生活中最重要的东西呢？我可以毫不犹豫地回答，那就是热爱儿童。"我想，他在说这句话时，或许是慷慨激昂，或许是侃侃而谈，或许是和风细雨，但他的内心一定是充满阳光的。在多年的班主任工作中，我全心全意地爱着我的学生们，用阳光滋养着他们的心灵，用师爱的力量感召他们的行为。我的内心也因此充满了阳光与幸福。

在我的班级里，有一个叫小颖的学生。她在学校总是独来独往，下课后也不与同学们玩耍。对于这种情况，我看在眼里，急在心里。后来通过家访，我了解到她的母亲在她很小的时候就离开了她，父亲后来再婚，她一直在爷爷奶奶身边长大。从那时起，我便开始多注意她，关心她。上课时，每次她回答完问题，我会摸摸她的小辫子，夸奖她："回答得真好！"下课时，我会和她一起玩游戏。一次下课时，我看到她的小辫子乱了，就把她带到办公室，告诉她："老师新学了一种发型，来给你试试。"在梳头的过程中，我能感受到她内心的紧张与激动。梳好后，我站在她面前左看看右看看，说："好漂亮呀！老师要是有你这么个女儿该多好呀！"她羞涩地笑了，脸颊微微泛红。

渐渐地，她变得活泼开朗了。有时在楼道里，我会被她突然从后面抱住，让我猜猜她是谁。有一个周末，她的奶奶不好意思地打电话给我："段老师，孩子想你了，说想找你玩，我们不让她去，她就在家哭。"我说："没问题，让孩子来吧！"于是，我带她到公园玩了一整天，还为她做了她爱吃的饭菜。

后来，她骨折住院，她的奶奶打电话告诉我她的情况，说她情绪低落，总是哭。我赶忙去医院看她。看到我过去，她的奶奶激动得哭了："段老师，你对我们孩子太好了！"小颖更是兴奋地拉着我的手不放。她做手术时我也一直在手术室外等着她。回到病房里，她悄悄对我说："老师，妈妈是不是就是你这个样子的呀！我好喜欢你！"从那以后，她慢慢走出了自卑的阴影，积极参与班里的各项活动，并当上了班里的宣传委员。

多年后，她考上了理想的大学。一次聊天中，她说："老师，我想你了！"她还提到她在初中和高中时写关于老师的作文，总是写我。我问她写我什么，她说："写你对我们的关心，耐心教育我们，从不骂我们！"

我不是只爱她一个孩子，而是将爱洒向每一个学生。我用一颗真诚的心去感化学生，给予他们成长的空间，并身体力行地去影响他们。久而久之，他们也被我细致入微的爱所感动。

记得有一年，我的嘴里长了个囊肿，医生说必须手术切除。于是上完一节课后我去了医院，做完了手术。下午我戴着口罩回到学校上班，同事们关心地问我："你这是不要命了，感染了怎么办？"我却觉得在家里也只是坐着，不如到学校守着学生，心里踏实！

看到我这样，学生们心疼得很，纷纷围上来问我怎么了，疼不疼。由于我不方便说话，在课堂上的习字练习环节，所有的学生似乎一下子都成熟了，写得特别认真，整个教室鸦雀无声。那一刻，我不禁感慨：你对他们的爱，他们是能感受到的！日复一日的辛勤付出没有白费，我们班形成了良好的班风，学习氛围浓厚，集体荣誉感和班级凝聚力大大增强。

2008年，我的父母遭遇车祸住院，我留在医院照顾父母。一个月后，父母病情好转，我回了一趟家。周五我回家的消息通过我儿子传到了学生们那里，结果那天下课后，学生们就跑到我家楼下等着，抱着我哭着说："老师你怎么不教我们了，你什么时候回来？我们想你！"然后几十个学生排成四队，像是在学校一样，前排的学生举着大红布条，上面写着："老师，我们永远爱你！"

我感到无比欣慰，学生们在爱的感召下，接受了爱，懂得了爱。我庆幸这些美好的时刻都被我用相机记录了下来，这是我人生中一笔巨大的财富。

我虽然没有取得轰轰烈烈的成绩，也没有做过惊天动地的大事，但我有这样一群可爱的学生，能与他们共同成长就是一件很幸福的事。在成长的过程中，我不断发现幸福，追求幸福，积累幸福。我是一个幸福的老师，一个幸福的班主任！这也是我人生最大的收获！

师生情深

郭艳霞

每位学生都在老师无微不至的关爱中成长，而老师们也同样感受到来自学生们的关爱，于是，深厚的师生情便在这样的互动中悄然生长。教学是一项艰辛的工作，做一名教师既辛苦又富有挑战，而要成为一名优秀的教师，更是需要付出更多的努力。然而，这也是一份充满幸福感的职业。

记得班上有一个叫阳阳的学生，他性格活泼好动，能在座位上坚持坐一分钟就已经很不错了。他不仅自己不好好学习，还常常影响其他同学，让人感到很无奈。有一次，我进教室上课，恰好遇到美术老师也在，她有些生气地说："阳阳，你真的是经不起表扬！"我当时并不知道发生了什么，也没多问就开始上课了。然而上课没多久，阳阳又犯了"老毛病"，我愤怒地说："阳阳，难怪刚才美术老师也说你经不起表扬！"谁知，他却大声反驳："你又没有表扬我！"这一句突如其来的话让我愣住了，不知该如何回应。

课后，阳阳的话一直在我耳边回响。想想平时我总觉得他调皮，确实很少表扬他。通过这件小事，我意识到他其实很在乎老师的认可。是啊，调皮的学生也是学生，他们和其他学生一样，都渴望得到表扬。或许，从某种意义上来说，他们比其他学生更希望得到老师的肯定。我之前忽视了这一点，因此我决定在今后的教学中调整我的方式。

从那以后，只要在课堂上看到阳阳认真听讲或回答问题，我就立刻给予表扬。经过一段时间的观察，我发现他的课堂表现和作业完成情况都有了一定的进步。然而，小孩子的自控能力相对较差，要在短时间内改掉所有坏习惯并不现实。因此，当我再次遇到他上课不认真、小动作不断、对知识理解模糊不清的情况时，我并没有灰心，因为我知道这样的学生需要更多的耐心。我坚信，只要坚持将赏识教育的理念融入实际教学中，必定能够取得成功。

最爱是天然

李会荣

"折得莲花浑忘却，空将荷叶盖头归。"这句诗真的是让人心生喜爱。那种未经洗涤的真情，恰恰是我最爱的天然之美。

放学后，我在教室里打扫卫生。孩子们刚上一年级，打扫得并不彻底，因此老师还要进行收尾工作。突然，一个声音打断了我："老师，你知道我妈妈是干什么的吗？"说话的这个孩子因为父母没能按时来接，便由我领回办公室。我抬头看看他，一边扫地一边摇摇头："不知道。"小男孩露出自豪的笑容，说："我妈妈是卖小猪班尼的！"我故作惊讶："是吗？"他声音更高了："我穿的衣服都是小猪班尼的。"我微笑着说："这衣服让你看起来更帅了！"小男孩跑到我跟前，兴奋地说："老师，等你有了孩子，可以去我妈妈那里买衣服。"我停下来看着他，认真地回答："好的，等我有了孙子。"小男孩不解地问："什么意思？"我忍不住笑了，原来在他的心里，我是一位年轻的教师。

他总是那么可爱，似乎有很多的秘密想告诉我。"老师，我的辫子松了""老师，我的鞋带开了""老师，我的瓶子拧不开了""老师，今天是我生日""老师，明天我去动物园"……

铁打的营盘，流水的兵。分班的结果即将宣布，教室里出奇地安静。我小心翼翼地念着留在本班的孩子的名单，念到的孩子要么悄悄抿嘴一笑，要么露出如释重负的表情。没有念到的孩子则一脸茫然无助。

我温和地安慰他们："没关系，你们还在这个学校，我们还能天天见面。"然后我们开始唱班歌："小小年纪志气高，上学认真我最好……我真的很不错……"我轻轻叫着一个又一个孩子的名字，摸摸他的头，握握她的小手，悄悄说："你很棒！"就这样，我们依依不舍地分开了。

分班后，我抽到了四班。这个班级"群英荟萃"，汇聚了许多"名人"。老师们纷纷调侃："李老师手气真好！"我随口调侃道："钢铁就是这样炼成的！"我愿意成为生命之弓，而孩子们则是生命之矢。我愿幸福而谦卑地弯下身，将你们射向无尽的未来。

小雪是一个智力有缺陷的孩子。一开始上课时，她常常不由自主地钻到座位底下，躺在地上，甚至有时溜到墙根手舞足蹈。通过与她家长的多次沟通和努力，小雪有了很大进步。

小昌是一个不写作业，常常说谎，甚至偷东西的孩子。他的父母常年不在家，他平时由爷爷奶奶照顾。有一天，他偷了别人的橡皮泥，我既没有告知家长，也没有告诉同学们，而是让他偷偷还回去，并给他买了一桶橡皮泥，我和他约定：不告诉任何人，但他要保证以后绝不能再有这种行为。效果不错，他确实不再拿同学的东西了。但他依然不写作业，于是我利用课间，指导督促他写作业。经过一段时间的努力后，小昌终于开始写作业了，最后还当上了小组长。他发现我听的歌里有黄梅戏，竟然在U盘里给我下载了他奶奶最爱听的黄梅戏。

故事还有很多，而且仍在继续……

二十多年来，我将我最美的青春年华奉献给了三尺讲台，我不后悔。只问付出，不问回报，忠诚于教育是我作为教师最基本的修养。此生最爱是教育，因为爱，所以想要做得更好。

学生快乐，为师心愿

李艳苏

自我从教以来，见过的学生各具特色：有的乖巧懂事，有的顽皮淘气；有的活泼开朗，有的寡言少语；有的天资聪颖，有的资质平平。然而，在我眼里，这些学生都同样亲切、纯真、可爱。他们就像刚刚抽枝的小树，需要家长和老师的悉心滋养，才能枝繁叶茂。作为一名教师，看到学生健康快乐地成长，是我最大的欣慰与幸福。

在我刚送走的上一届学生中，小晨给我留下了深刻的印象。他是在三年级第一学期转学来到我们班的，听说他在之前的学校学习成绩很差，甚至有打架和说谎的行为，令家长和老师十分头疼。刚转到我们班时，他多次找借口不交作业，总是说作业落在家里，老师让他第二天带来，他却一拖再拖。时间一长，老师们也知道这是他的谎言，各科老师纷纷找到我，要求我解决这个问题。同时，也有其他学生反映，他偷偷拿家长的钱，每天下课后去小卖部买东西。我意识到事情的严重性，决定与家长沟通，了解情况。

通过与小晨家长的交流，我才了解到他在家用在学校做的题欺骗父母，在学校又用不明真相的家长签字来糊弄老师，导致家长和老师都被蒙在鼓里。然而，随着与小晨家长的深入沟通，我对这个孩子逐渐产生了理解和心疼。

他父母承包了工地，每天早上五点离家，晚上十点之后才能回到家。家里还有年迈的奶奶和上幼儿园的弟弟。奶奶身体虚弱，常常需要小晨来处理家务，在奶奶身体不舒服的时候，他还要负责接送弟弟。由于父母平时很少照顾他，小晨生病时也只能自己去拿药。

当谈及小晨乱花钱的问题时，他的妈妈坦言："因为我们白天不在家，所以留了一些钱在家里，方便小晨买点吃的，或者文具。此外，他的压岁钱也是自己拿着。"家长对小晨的现状感到愧疚和无奈，并表示会抽时间来管教他。临别时，小晨妈妈的眼中含着泪水，恳求我多帮助和关照小晨。通过与他父母的交流，我逐渐理解了孩子的处境，同时也被他的成熟懂事打动。我意识到，孩子本质上并不坏，只是自制力略微不足，家中缺乏对他学习的监督，导致他的学习成绩逐渐下滑。他因为未完成作业而害怕受到批评，所以选择了对老师和家长说谎。

于是，我决定帮助他，努力纠正他的不良习惯。我与小晨的家长达成共识，并让他的妈妈加入家校通平台。每天，我都会将家庭作业发布到平台上，小晨妈妈也会尽量早回家，逐项检查小晨的作业是否完成。我平时会多留意观察小晨的举动，发现异常情况时及时与他的妈妈沟通。课上，我会多向他提问，及时表扬他的正确回答，在课后也会询问他是否有不会做的题目，并给予讲解。

在家校的共同努力下，小晨逐渐有了改变。他上课时开始抬头听讲，能够与我进行眼神交流，作业的完成情况也从原来的每天不写，变为隔三差五不写，最终变成偶尔不交。看到他的进步，我感到十分欣慰，并及时给予他肯定和鼓励。每周五我会留一些作业给他，并告诉他可以看看哪道题不会，不会的题要来问我。这样的安排无形中将周末的作业分散，减轻了他的负担，也让他感受到老师对他学习的关注。他是个懂事的孩子，觉得如果不完成作业就无法向我交代。慢慢地，周末不完成作业的问题得以解决。

在大家的共同努力下，小晨的语文和数学成绩显著提高，但英语却仍是他的"老大难"。他的英语水平较差，不仅句子读不出，连单词也不会读。我教他读单词，他当时能记住，但第二天再问就又忘了。于是，我尝试教他音标，帮助他记住单词的读音和写法。我还要求他在英语课上大声朗读，英语课后再读给我听。渐渐地，他从能读单词变成磕磕绊绊地读句子，最后能背诵课文。小晨的明显进步让我感到欣慰，他本人也非常兴奋。有一天，他对我说："谢谢您，老师！以前我总觉得自己很笨，课间时默默坐在座位上看其他同学玩，不敢凑过去。现在我上课能和同学们一样大声读英语了，还交了好几个朋友。谢谢您，是您给了我自信。"

尽管小晨在英语上取得了很大进步，但与同学们相比仍有差距。因此，我常利用早午自习、课间给他补习英语。渐渐地，他的成绩提高了，人也变得更加开朗。六年级毕业考试时，他的语文和数学都考了90多分，英语也考了89分。他对我说："老师，我在以前的学校总考不及格，英文单词一个都不会，我从来没想过自己可以考这么好！"听了他的话，我的心里比吃了蜜还甜。我真切地感受到付出的价值，也体会到了自己的使命感。

如今，小晨如愿考上了市重点中学，变得更加懂事和贴心。国庆节放假时，他特意来学校看我，表达对我的感激。看到他越来越积极乐观、好学向上，我感到非常高兴。

这些年，我送走了一届又一届的学生，又迎来了一张又一张新面孔。我像对待自己的孩子一样，耐心、诚心地对待每一个学生，也收获了他们真心的回馈。作为一名老师，我想成为学生行为的镜子，做他们进步的阶梯。能够看到学生的笑脸，感受他们的成长，是我作为一名教师的荣耀，更是我由衷的心愿。

一起走来的日子

刘藏妍

每当我在课间值班时，总有一群像小鸟一样的孩子张开双臂，笑着扑到我身上，叽叽喳喳地告诉我他们的成绩和班里的趣事。有时，他们还会把自己折的小星星放到我的手心，或者递给我自己画的画和捏得胖嘟嘟的小熊。教师节那天，小菲把自己精心制作的贺卡放到我手上，贺卡上画着一颗红红的心，写着："亲爱的刘老师，虽然您只教过我一年，但我永远忘不了您，您永远是我的老师。祝您身体健康、开心快乐！"

人们常说教师是灵魂的塑造者，是人类灵魂的工程师，而我认为，这些孩子们又何尝不是灵魂的工程师呢？他们那纯真、真挚的感情，深深感动着我，荡涤着我的心灵。

小雅是后来分到我们班的，她走路不稳当，视力也不太好。为了照顾她，我向之前教她的王老师和路老师详细了解了她的情况。看到两位老师像妈妈一样照顾着小雅，我也暗下决心要照顾好她。

来到陌生教室的小雅，面对陌生的同学和老师，她总是低着头默默坐在座位上。课间，我牵着她的手，与她聊天，陪她去厕所；上课时，我轻轻扶起她的肩头，帮她摆正书本，握住她的手教她写字。我介绍其他同学与小雅一起玩耍，告诉她："他们都会成为你的好朋友。"渐渐地，小雅不再低着头，开始和同学们说说笑笑了。

上课老师提问时，小雅从不举手回答问题。课后我问她，她说不敢回答，怕答错。我笑着告诉她："不要怕，勇敢地说出自己的想法，你不比别人差。我们现在是自主合作探究的课堂，每一个学生都是课堂的小主人。"小雅第一次回答问题时，我把一朵红花贴在她的书上，教室里响起了热烈的掌声。

由于身体原因，小雅在学习上需要比其他同学付出更多的努力。课上写不完的作业，她会在课后一遍又一遍地写，直到写出满意的结果。每天晚上，她的眼睛睁得大大的，仔细去认书上的每一个字，尽管家人劝她不要写太晚，她依然坚持完成每一项任务。每次看到她虽然字迹不算工整，但满满一页的努力，我都能感受到她那份坚持和倔强。

除了完成与其他同学相同的作业，小雅还坚持练字。每次写完，她都会迫不及待地拿给我看。我拿出红笔，和她并肩坐着一起点评，讨论哪个字写得好，哪个字该如何改进。有一次，小雅抱着我说："我真幸福，我又多了一位老师妈妈。"

就这样，我们共同度过了一个学年。当得知我不再教她时，她哭着发来一条短信："刘老师，听说您不教我们了，我舍不得您。不过请您放心，无论如何，我都不会让您失望的。祝您工作顺利！您的学生小雅。"如今，每次课间，小雅都会来我值班的地方找我。她从楼上探头看我在不在，看到我时便会笑着走下来。

快考试了，她对我说："老师，我一想到考试就紧张，担心考不好，怕对不起您，也对不起姥姥。"我拍拍她的肩膀，安慰道："你已经很努力了，大家都看在眼里。放下思想包袱，考多少分都没关系，那都是你的收获！"考试结束后，她高兴地告诉我："老师，我听了您的话，不紧张了，语文和英语考得不错，进步了，数学不理想，我以后会加油的。"我向她伸出大拇指，心里满是欣慰。

淡化缺点，促其成长

王会兰

俗话说："金无足赤，人无完人。"每个人身上或多或少都有缺点。在学生的身上，缺点与优点是并存的。面对性格各异、优缺点不同的学生，我们应当学会放大学生的优点，淡化他们的缺点。

在一个寒风凛冽的冬日午后，我照常走进学校，首先到卫生区督促值日生完成当天的值日工作。因为还有一节课的教案未定稿，我便急匆匆地上楼。刚到三楼，几个学生神情紧张地跑过来向我报告："老师，坛坛去小卖部买玩具被校长抓住了。"听到这话，我很生气，去小卖部是学校明令禁止的，班级也通过校讯通、微信等多种方式多次提醒家长不要让孩子带零钱到学校。而在我印象中，坛坛一直是一位爱学习、守纪律的好学生。我心想：既然被校长抓住了，就让他好好受教育，长长记性吧。校长批评教育后，会很快让孩子回来，我先忙完手头的事情再去过问也不迟。

然而，快要上课了，坛坛却还没回来。我隐约感到事情有些严重，便来到校长室。此时，我看到坛坛和校长仍在对峙，校长显得非常生气，而坛坛则撅着嘴巴。我冷静下来，心平气和地与坛坛交流。坛坛如实向我交代了事情的经过：他没有经过妈妈的同意，拿了妈妈买菜剩下的五十多元钱去买玩具、练习本和火腿肠。校长生气的原因在于他对待错误的态度不够诚恳。经过沟通后，坛坛意识到了错误并向校长道了歉。我联系了坛坛的妈妈，她表示会多抽时间关注孩子的成长。事后，我在班里重申了一次学校的规定，希望同学们引以为戒。

临近期末考试，师生们都在紧张备考，这件事情就这样告一段落。期末成绩公布后，坛坛的成绩有了明显进步。关于是否给他发奖状的问题，我陷入了矛盾：他成绩确实有很大进步，但他之前违反了校规，而不发奖状可能会打击他的积极性。经过深思熟虑，我最终决定：发！在颁奖时，我看到坛坛的脸上洋溢着笑容。晚上，我收到了坛坛妈妈发来的微信："王老师，谢谢您给予孩子奖励。孩子回来后特别高兴，还主动制定了假期计划，这是前所未有的。"此时，我对自己的正确决定感到无比庆幸，我相信在以后的生活中，坛坛不会再犯类似的错误。

实践告诉我们，要以人为本，尊重学生，热爱学生，理解学生。通过淡化教育痕迹的方法处理学生问题，是一种无伤痛且有效的教育方式，这不仅能够拉近师生间的距离，还能促进和谐师生关系的形成，取得意想不到的效果。让我们以人为本，给学生多一分尊重，多一分宽容，多一分理解，善待每一位学生，相信学生未来的辉煌正蕴藏在我们的关爱之中。

心有感恩，满枝幸福

王晶晶

在金秋送爽的季节，我怀着激动的心情与学生们一起迈入新苑小学的校门。新的工作岗位和新的起点让我内心澎湃，然而面对陌生的环境，我又对能否胜任新工作感到忐忑不安。

刚上岗的那段时间，我面对陌生的同事和尚不熟悉的工作，每天的心情都很焦虑：早上带着紧张和兴奋的心情走进办公室，准备教学材料，面对可爱的学生时，又担心自己知识的匮乏。走出校园，面对的仍是需要熟悉的社会环境……

我是个幸运的人，在新苑小学我不断地感受到领导给予的关怀与支持。初到新苑小学时，由于我腿上的伤尚未痊愈，领导给予了我最大的关心和爱护：没有安排繁重的工作，也没有让我承担紧张的授课任务。在新的工作环境中，焦姐一点点带我熟悉学校的环境与教学理念，让我能够踏实地在幸福的新苑路上前行。由于我初次接触教学，领导给予了我无微不至的照顾与帮助：听课、评课、统一研讨授课，还有资深教师的经验传授，让我在教学的道路上少走了很多弯路。俊焕姐更是手把手地教我教学方法，讲解课堂授课的要领，让我能够更快、更顺利地走上讲台。

我是个幸运的人，新苑同事们给了我很多温暖。在新的工作环境中，原本的陌生感在同事们的热情与关怀下烟消云散。刚刚术后的我走路不便，是焦姐和艳霞每天扶我上下楼梯，红嫒的一句"我背你上楼"把我感动得热泪盈眶，咏梅姐一句句的关怀如同暖阳般照耀着我。初接手二年级语文课程教学时，我心中的胆怯也在李媛课前的鼓励和静华姐等人的无私帮助下消散。

在新的生活环境中，周围的一切都很陌生，是玉红姐帮助我了解了生活必备的医院、蔬菜店等信息。当我生病时，是桂枝姐利用放学的时间亲自带我去门诊看医生。对于居家购物等琐事，巧云姐等办公室的姐妹们也给予了我很多的建议。同事们的帮助让我迅速适应了工作和生活，让我不再迷茫。

我由衷地感谢新苑小学这个大家庭带给我的温暖。在这里，与大家一起工作的日子是幸福而快乐的，与大家一起奋斗的时光是激昂而难忘的。我愿将这份感恩化为动力，与大家携手共进，为构建美丽的新苑小学而努力奋斗。

班主任工作随笔

王艳蕊

　　每个学期结束，学校都会进行班级综合评价。作为班主任，我的心情总是既紧张又充满期待。班级综合评价宛如一面镜子，映照出一个班主任在多重角色下的各种面貌。

　　关于班主任的角色定位，众说纷纭。有人认为班主任应当严厉，因为"严师出高徒"；也有人认为班主任应该温柔，以便让学生时刻感受到如母亲般的温暖；还有人认为班主任应当刚柔并济，恩威并施。我认为，班主任应怀有一颗愿意服务的心。班主任首先是一个服务者，我们的主要服务对象是学生。作为服务者，我们要全心全意为学生着想。首先，学生通常将教师和家长的肯定视为动力源泉，因此班主任不应吝惜对学生的赞美。我们要学会欣赏学生，赞美他们付出的每一分努力和每一次进步。因为对于一个人而言，分数是暂时的，而良好的心态和习惯却能影响其一生。其次，班主任应以童心去理解和包容学生，而不是单纯地使用惩罚手段。我们要允许学生犯错误，并引导他们在错误中成长。最后，班主任应学会放手，给学生锻炼的机会。放手并不意味着放任不管，当班级管理出现问题时，班主任要及时与班干部商讨对策，倾听他们的意见，鼓励他们，提高他们的积极性。

　　班主任还是一位协调员。班主任是班级工作的核心人员，对班级中的一切事务负主要责任。第一，关于班级教学工作。班主任应充分调动所有任课教师的积极性。班级是一个整体，各学科之间的协调配合至关重要。班主任应重视学生所学的每门课，充分发挥任课教师的作用，关心并支持他们的工作，创造良好的教学环境，并及时妥善地解决学生与任课教师之间的矛盾。唯有如此，班集体才能充满活力。第二，关于家校联系。为了对学生进行全面教育，家校沟通必不可少。班主任应通过家长会、家访等多种方式主动争取家长的支持。班主任在与家长沟通时要尊重他们，要给予他们信心，切不可训斥他们。我们要努力与每一个学生的家庭建立合作关系。

在实际工作中，班主任还需扮演其他角色，例如，作为调解家长矛盾的调解员、分析和处理学生之间各种事情和矛盾的"警察"，以及组织各类文艺活动的编导等。总之，班主任的工作繁杂琐碎，只有在实践中不断积累经验，才能游刃有余地做好班主任工作。

阳光少年，善行故事

魏亚楠

　　新苑小学从学生抓起，发扬雷锋精神，培养他们尊敬师长、爱护公物、保护环境、诚实守信的美德。我们希望学生们能够真正做到"心中善，行中做"，树立正确的价值观、人生观和世界观。

　　小涵，一个爱说爱笑，阳光自信的小女生，拥有一颗正直善良、懂得感恩的心。在家中，她孝敬长辈，乖巧懂事，常常帮助爸爸妈妈做一些力所能及的家务，是个让家长引以为荣的孩子。对待邻居，她文明礼貌、与人为善，常常帮助邻居家的小朋友，深得邻居们的喜爱。在学校里，她热爱集体、热爱劳动，尊敬老师、团结同学，关心他人。对于有困难的同学，她总是乐于伸出援助之手，真诚奉献。

　　2012年，九岁的小涵陪奶奶去按摩，认识了盲人按摩师小松。她发现有一些人欺负这位眼睛看不见的按摩师，有的人按摩完后偷偷走掉不给钱，还有的人给假钱。她不明白这些人为何这样做，于是，她在纸上写下了一句："关爱残疾人，从我做起。"并将这张纸偷偷贴在盲人叔叔家的墙上。从那以后，很少有人不给钱就走了，小涵心里暗暗高兴。自那以后，关心盲人叔叔也成了她生活中不可或缺的一部分。她知道盲人叔叔行动不便，每当下雨或下雪时，盲人叔叔便无法上街买东西，她就会叫上奶奶，买上蔬菜、馒头等食品送给叔叔。

　　有一年冬天特别冷，小涵担心盲人叔叔孤身一人无人照顾，于是她拿出自己的零用钱，让奶奶为盲人叔叔买了棉衣和棉鞋。盲人叔叔非常感动，多次想给她钱，但她从来不收。最终，盲人叔叔托人做了一面锦旗送到学校，感谢新苑小学培养出了这样优秀的学生。

小涵还常常把自己的衣物、学习用品和课外书等在父母的帮助下，捐赠给深山里的孩子。小涵就是这样一个充满爱心的女孩，她用自己的爱心为社会和他人尽绵薄之力。她把快乐和温暖传递给身边的每一个人。

我相信，在新苑小学先进教育理念的指引下，未来一定会培育出更多的阳光少年。

以兴趣引导学习

武爱团

兴趣是最好的老师，孩子对所学知识产生兴趣，会更大限度地激发学习的动机。知识获得的过程应当带来满足感与成就感，而不是痛苦，我们希望孩子能够自主地投入学习。因此，培养孩子对学习的兴趣，便是老师和家长最应该送给他们的礼物。

小学的重要性常常被家长忽视，有的家长认为孩子还小，多玩一会儿、成绩差一点是情有可原的。然而，随着年龄的增长和年级的升高，如果没有对学习的兴趣和良好的学习习惯，孩子就会陷入被动学习。因此，希望家长们能够明确小学阶段对孩子兴趣培养的重要性，尤其是在小学低年级，孩子对周围事物仍然充满好奇时，应将学习变得像寻宝游戏一样，充满探索的乐趣。

那么，如何培养孩子的学习兴趣呢？这就需要老师与家长的密切配合。作为老师，我们会在教学方法上多下功夫，努力让课堂变得生动有趣，激发孩子对学习的兴趣。放学后，家长就需要亲自上阵进行指导了。

家长对孩子学习兴趣的培养情况一般分为两种：一种是家长对孩子过于放任，学习与否完全交由孩子自己决定，孩子想玩就玩，想学才学。一般小学生的自制力远不如家长期望的那样，他们往往会放任自己，不由自主地将学习的事情抛诸脑后。另一种则是家长对孩子过于严格，要求孩子完全按照自己的学习计划进行，如此一来，孩子便没有自主发挥的空间。这样的孩子即使目前成绩不错，但一旦父母不再安排他们的学习了，他们的成绩就很容易下滑。以上两种做法都是不可取的，凡事过犹不及，家长需要选择合适的教育方式。

家长应该让孩子明确学习的重要性。虽然孩子还小，但如果我们静下心来与他们认真沟通，他们还是能很快明白。家长应让孩子明白学习对他们人生的重要性。当然，我们不能指望一次就能将学习这一深奥的事情讲明白，我们需要反复强调。枯燥的说教提不起孩子的兴趣，我们可以采用一些小方法，比如将学习与他们感兴趣的事联系在一起，这样做更便于他们理解与接受。

此外，还要让孩子逐步学会自己安排学习计划，让他们感受到自主学习的乐趣。家长可以对孩子的学习成果进行奖励，比如一起设定一个小目标，如果孩子达成，就兑现相应的奖励。对于日常作业和假期作业，家长可以和孩子一起制订一个完成计划，并按计划去完成。

与此同时，家长应与孩子多交流学习方面的事情。这并不意味着询问他们的成绩，而是关注他们在学习中遇到的困难或有趣的事。这种交流需在轻松的场合进行，比如在睡前的亲子时光时，可以问问他们今天在学校都发生了哪些有趣的事。在这个过程中，家长要注意不要让孩子感觉到压力。

学校和家是密不可分的学习场所，家长与老师之间的沟通同样不可或缺。我们都全心全意希望孩子快乐成长，双方的及时沟通有助于双方更好地了解孩子的学习状况，并"对症下药"。

培养学习兴趣并非易事，需要我们的耐心与智慧。我们要从现在开始培养孩子的学习兴趣，让孩子轻松向前迈进。

小干部，大舞台

李培培

生活就像一个舞台，每个人都在扮演不同的角色，孩子们也在自己的舞台上尽情表演。

接手三（1）班时，我一开始对孩子们并不十分了解，但我知道在这个阶段，随着年龄的增长，孩子们的依赖性逐渐减弱，他们开始形成自己的思维，表现出独立性，这就是我们常说的叛逆期。最明显的表现就是班上的纪律越来越差，各科老师常常向我抱怨。于是，我每天都在教室门口观察，试图找出一两个典型的学生，也想挑选一个纪律组长。

选纪律组长并不是一件容易的事，我需要细心观察，以便找到合适的人选。有一天，在音乐课上，有学生在下面窃窃私语，声音越来越大，课堂秩序变得越来越糟。我正好在教室外面观察，看到这种情况，正要推门进去。就在这时，突然一个学生大声喊道："别说话了！你们还上不上课了？"我一看，喊话的正是我们班的小磊。他是个聪明的孩子，平时表现也很好。我心想：他可以担任纪律组长吗？

我把他叫到办公室，问他："你刚才为什么要喊？"他低着头，小声地说："老师，我不是不想听讲，是因为他们总是在说话，弄得我听不进课，所以我才喊了一声。"他以为自己犯了错，显得有些不安。我接着问："对于这种情况，你有什么好办法吗？"他想了想，说："如果每个小组都有小组长，每个组长负责管理自己的组员，或许会好一些。"

听了他的建议，我心中一喜，总算找到了合适的纪律组长。

随后，我任命小磊为我们班的纪律组长。接下来的时间里，再也没有老师向我抱怨过班级纪律问题。为什么会这样呢？因为小磊在最短的时间内，将同学们分成了几个小组，并为每个小组指定了小组长，专门负责管理那些在课堂上说话和不听讲的同学。如果在课堂上有同学不专心听讲，小组长就会记下他们的名字，下课后将名单交给小磊。然后，小磊会安排这些同学在课后写一遍老师上课讲的重点内容。这样一来，课堂纪律变好了，大家也都开始认真听讲了。

进入三年级后，孩子们的坏习惯逐渐暴露出来。比如，有的孩子随手将笔扔在讲桌上，将交上来的作业随意放置在讲桌上，整个讲桌一片狼藉。因此，我不得不提前几分钟进入教室整理讲桌。然而，这样下去只会让孩子们变得更加懒散。我必须想个办法。

有一天，我决定不再提前进入教室，而是在上课铃响后再进入教室整理讲桌。当我走进教室时，我发现一双双小眼睛正注视着我，他们开始关注我在做什么。第二天，我一进教室，发现讲桌竟然变得干净了。直到下课前两分钟，我问大家："今天的讲桌收拾得真干净，老师看了真开心，是谁帮老师收拾的呢？"这时，一个学生举起了手，是乐乐，一个平时少言寡语的女孩。她注意到了老师在课堂上整理讲桌的情况。于是，我任命乐乐为卫生组长，把班里的卫生管理权交给了她。尽管她平时不太爱说话，但在卫生管理上却做得非常细致，教室总是干干净净。

起初，乐乐每天都自己检查卫生，但很多时候她忙不过来。于是，她来找我商量："老师，我可不可以找几个同学一起检查卫生？"我问她："那你打算怎么安排呢？"她考虑了一下，说："我可以把教室划分成几个区域，比如讲台、门、窗、四个角、走廊、桌椅、抽屉等，每个区域安排一个负责人。"于是，我给她分配了几个小组长。随后，她开始正规管理，由各组的小组长负责一个区域的卫生，并由她统一检查。自那以后，我们的教室卫生问题得到了解决。

然而，尽管如此，我们班级却很少获得卫生流动红旗。这是为什么呢？一天，乐乐哭着来找我："老师，我们总是得不到流动红旗，是不是我做得不够好？"我安慰她："乐乐，你的付出是大家有目共睹的，你做得很好。但为什么得不到流动红旗呢？我们一起找找原因，哭是没有用的，对吧？"经过一番调查，我们发现问题的根源在于班里的一个"邋遢大王"——小志。

每次学校检查卫生，都是因为小志导致我们班被扣分，也正是因为他，我们班很少能获得流动红旗。乐乐得知真相后更加伤心："老师，每次都是他的卫生最差，书本到处乱扔，地上满是碎纸片，让他捡的时候，他不仅不捡，还说我多管闲事。"既然找到了问题的根源，我们必须想办法解决。

我召开了班会，主题是"流动红旗你去哪儿了"。班会上，我让小志发言，他说："在家里都是妈妈帮我收拾，我从来不收拾，也不会收拾，但下次我会注意的！"显然，他并没有真正意识到自己的错误。但我抓住了他"不知道如何收拾"这一点，接着说："同学们，小志认识到了自己的错误，他并不是不想改，而是确实不知道该怎么做。哪位同学愿意帮助他呢？"话音刚落，十几个同学纷纷举手。乐乐说："老师，我来吧，整理卫生是我的分内之事，我愿意帮助他。"我同意了。从那天起，乐乐开始重点教小志整理卫生。小志也渐渐养成了良好的卫生习惯。流动红旗从此就在我们班安了家。

有一天，我在课间值班时，小志搬来自己的凳子，对我说："老师，您坐着吧，整天站着腿一定很疼！"那一瞬间，我的心里感到一阵温暖。小志不仅改掉了邋遢的习惯，还成为一个温柔的学生。

无论是纪律的改善，还是卫生的提升，这一切都要归功于我们班的组长们。在班级这个大舞台上，他们不仅分担了我的工作，还锻炼了自己。我想把这个舞台交给他们，让他们充分发挥自己的特长，展现自己的魅力。

最后我想说："心有多大，舞台就有多大！"

教给学生尊重

杨晓丽

光阴荏苒，我已与学生们分开近两年。回想起与他们像朋友一样无话不谈、和谐相处的日子，我深感幸福。

我记得第一次走进教室时，一个男孩好奇地看着我："您是我们班的新班主任吗？您要求严格吗？以前的老师都是被我气走的！"他神情中流露出得意，我心想：难道这就是传说中的"霸王龙"吗？

课间，学生们正在认真排队准备做操，站在他前面的同学笑着对他说："你这样胖，像……"话还没说完，他就推了那个同学一下，我连忙上前制止。他瞪大眼睛，咬紧牙关，拳头紧握，双腿僵立，昂起头一言不发，像一只愤怒的小老虎，目光直视着我。我刚要询问情况，他便开始大喊大叫。经过了解我才知道，只要他犯了错误，他父亲就会打他，他不知道如何与同学沟通，常常与同学发生冲突，也会顶撞老师。

面对这样一个学生，我该如何开展工作呢？

在一次语文课上，他一边玩一边说话，我走上前教育他，他不仅不听，反而小声嘟囔："管得着吗？"我严肃地瞪着他，我们互相对峙着。然而，他丝毫没有愧疚，仿佛在用眼神告诉我："你能拿我怎么办？"此时，理智告诉我必须冷静。我让他下课后到办公室找我。

下课后，他低着头走进办公室，显然对自己课上的行为感到些许后悔。他可能在等着我的责骂，但我知道责骂除了能宣泄自己的情绪之外，起不到任何作用。我的目标是让他学会尊重他人。

我想到了一个办法。正好我最近感冒，我的妈妈一直在关心我。我当着他的面给我的妈妈打了电话，告诉她我的感冒已经好了，不用担心我，让她也要多保重身体。等我打完电话，只见他哭着对我说："我从来没有像您这样跟我的爸爸妈妈说过话，我也应该像您一样尊重别人。杨老师，对不起，我不应该对您不礼貌。"他被我感动了。他的内心其实像一片贫瘠的土地，需要阳光和雨露。

我对他说："孩子，从你的话中我知道你是个知情知义的人。既然知道错了，改正就好。只有尊重他人，才能得到他人的尊重。"他诚恳地点了点头。

记得有一次放学，他不想去托管，又没有人来接他，他只有独自在校门口徘徊。我下班得晚，把他带回了自己家，还为他做了他最喜欢的打卤面。吃完饭后，我又帮助他巩固当天所学的知识。透过他的眼神，我能感受到他满满的感动与感激。

渐渐地，他开始在课堂上认真听讲了。在与同学的交往中，他也不再用暴力解决问题，而是学会了宽容和忍耐。"对不起""谢谢"等文明礼貌用语逐渐增多。遇到同学误解他时，他会找我倾诉；在家里被爸爸批评后，他会找我评理；遇到开心的事情时，他也会与我分享。在日记中，他写道："老师，您就像我的朋友。以前我和同学发生矛盾的时候，老师总认为是我的错，狠狠批评我，只有您愿意听我解释，我最崇拜的人就是您。"

尊重的力量令人惊叹，它可以将情感的荒漠变成绿洲，可以使迷茫的心灵找到方向，还能让淡漠的关系变得亲密。

现在，每当节日来临时，我总会收到他发来的问候短信。在新年的贺卡上，他曾动情地写道："杨老师，您刚教我的时候年轻漂亮，而现在您的头上却增添了许多白发，我知道这一切都是因为我。您放心，我会努力的！"从这简短的几句话中，我感受到他开始学会关心他人了。此时，我对"教师是人类灵魂的工程师"这句话有了更深的理解。今年中秋节放假时，他又来看我，望着比我高出一个头的他，我感到自己是世界上最幸福的人。我倾注在他身上的爱心、耐心与恒心，终于唤回了这颗曾经迷失的心。

花儿朵朵开

尹文君

2016年9月，我们学校迎来了又一批小学生，我担任一（6）班的班主任。他们怀着激动的心情，走进了对他们来说崭新的校园。刚接手班主任的我，每天遇到的意想不到的事情层出不穷。每天都有判不完的对错，每天都有忙不完的琐事和操不完的"父母心"。从"课堂专心听讲"开始，到"稍息、立正"练习，再到"1+1=2"的教学，孩子们渐渐适应了学校生活。与孩子们的每一个小故事都像一缕阳光，在我生命的旅程中闪烁着光辉。

一天中午，一个身材瘦弱的女孩抱着一大盆绿萝走进教室，盆里的绿萝枝繁叶茂，叶子绿得发亮，映衬得她的小脸更加生动。我赶忙接过来。"老师，放在前面的橱子上吧，我家就这样摆着，可漂亮了！"她那甜美的声音如清泉般流入我的心田，我非常感动。旁边的孩子们也连连称赞："真漂亮，真漂亮！"第二天，右侧的橱子上也被摆满了鲜花，整个教室沐浴在春光里，生机勃勃，美不胜收。孩子们的心，宛如一潭纯净的水，明净而透亮；孩子们的情感，犹如一粒火种，热情而奔放。

课间，孩子们就像小鸟一样飞出教室，操场上立刻热闹起来。绿色的草坪成了孩子们嬉戏的乐园。这个时候，我会准时到达值班地点——草坪东侧。练习侧翻的薇薇和琪琪看到我，便立即跑过来。一个仰起头，认真地说："老师，您刚上完课就来值班，真累呀，我给您捶捶背吧！"另一个则露出调皮的笑容，说："我是一只调皮的小螃蟹，我用我的钳子帮您捶捶腿吧！"不等我回应，两个小家伙就开始动手，一边捶打一边咯咯笑着。小拳头在我身上上下移动，那节奏仿佛快乐的音符，又像燥夏的一缕凉风。我心中涌起一股暖流，似乎有什么东西在喉咙里哽住又滑落，眼眶顿时盈满了泪水。谁说孩子小不懂事？在他们幼小的心灵里，老师如同家长，他们心中装着对老师满满的爱。

开学一段时间后，我注意到班里的小洛同学从未笑过，也不见她与其他同学交往。上课时她很少认真听讲，要么画画，要么折纸。老师提醒她一次，她最多能坚持听课两分钟。一次下课后，我对她说："让我看看你画的画吧。"她听话地拿出一幅画递给我。我看到纸上画着两个大人牵着一个小女孩，在鲜花盛开的路上走着，每个人的脸上都挂着笑容。我问："你画的是谁？"她回答："爸爸、妈妈和我。我希望妈妈能和我们一起逛公园。"她把"妈妈"两个字说得特别重。我问："妈妈呢？"她答："不知道。"原来这个孩子在想念妈妈。于是，我决定要像妈妈一样关心她。课堂上，我创造机会提问她；课间，我寻找机会关心她；写作业时，我瞅准机会帮助她；班会中，我抓住机会表扬她……在我的带动下，同学们也向她伸出了友爱之手，让她感受到集体的温暖。渐渐地，她的小脸上有了笑容，上课专心听讲的时间也越来越多，学习也有了进步，这让我倍感欣慰。

情感教育是教师用真挚的感情去感动学生、教育学生，这正是打开学生思想闸门的一把金钥匙。为了做好班级工作，我坚持一条原则：对学生爱而不纵、严而不凶，尊重、理解、信任学生，并努力做到上课时是老师，下课时是朋友，游戏时是玩伴。在班级教学中，我总是营造一种平等、和谐、友爱的氛围，让孩子们感受到班集体的温暖。

泰戈尔说："花的事业是甜蜜的，果的事业是珍贵的，让我干叶的事业吧，因为叶总是谦逊地垂着她的绿荫。"是的，叶总是为了花的芬芳、为了果实的甜蜜而默默奉献，这是多么富有诗意而美好的事业啊！

"一花独放不是春，百花齐放春满园。"我爱我的教育事业，爱这个平凡的岗位，更爱我的学生！我愿行走在教育这片沃土上，笑看得失，静待花开！

爱需睿智

张国红

最近，我读到一个感人的教育故事。故事大致是这样的：曾经有一个脾气很坏的小男孩。一天，他的父亲给了他一大包钉子，要求他每发一次脾气，就用铁锤在他们家后院的栅栏上钉上一根钉子。第一天，这个小男孩在栅栏上钉下了37根钉子。几周后，小男孩逐渐学会了控制自己的愤怒，每天钉在栅栏上的钉子的数量也在不断减少。当他把自己的进步告诉父亲时，父亲建议道："如果你能够坚持一天不发脾气，就可以从栅栏上拔下一根钉子。"经过一段时间的努力，小男孩终于把栅栏上的所有钉子都拔掉了。

父亲拉着他的手来到栅栏边，说："儿子，你做得非常好。但你要看看，这些钉子在栅栏上留下了那么多的小孔，使得栅栏再也不是原来的样子了。当你对别人发脾气时，你的语言也像这些钉孔，会在人们的心灵上留下痕迹。"

读完这个故事，我深深被这位父亲深沉的爱和高明的教育方式所感动。那些看似普普通通的钉子，在父亲的引导下，通过儿子每一次的钉入与拔出，竟演绎成了一件独特的教育"艺术珍品"。

这位父亲真是智慧之人。面对坏脾气的儿子，他没有选择惩罚或说教，而是以睿智的方式让儿子钉钉子。通过逐渐增加的钉子数量，儿子意识到自己的脾气有多么糟糕，通过控制钉子数量，他学会了控制自己的脾气。当儿子努力增加拔出钉子的数量时，他也逐渐改变了自己的脾气。父亲用那一个个可数的数字，让儿子充分感受和体悟，这样的教育过程不仅是对儿子的指引，更成为儿子自我教育和自我改进的契机。那些神奇的钉子，犹如养分般滋养着儿子的人格。

这位父亲没有无益的劝说，也没有强加结论，而是用爱心为儿子搭建了一个亲身经历的舞台，让孩子在经历中学习、在体验中感悟，最终实现改变。

作为教师，我们又何尝不需要如此深沉的爱和高超的教育智慧呢？我们常常抱怨学生难以管理，不论多么用心相劝，收效却微乎其微；无论多么努力去爱，似乎都无法触动他们。究其根源，是因为我们的爱不够细腻、不够深沉、更不够智慧。故事中的父亲没有一句苦口婆心的劝诫，也没有过多的赞美，甚至在儿子取得明显进步时仍保持低调，而他的引导却极为巧妙、富有智慧。正是在儿子真实体验之后，父亲那蕴含哲理、发人深省的话语才会让儿子顿悟，激起儿子心灵的共鸣。

这就是睿智的爱，是孩子所需要的爱，也是学生渴望从教师那里获得的爱。相信在这种爱的激励下，学生们会努力向前，让思想之花绚烂绽放，让精神的果实结满枝头。

静听花开的声音

张素红

不知不觉，六年已经过去。在这段时间里，我为孩子们的每一次微笑而高兴，为他们的每一次蹙眉而焦急万分。我与他们一起分享快乐，感受幸福。

现小A每天按时将英语任务写在黑板上，第二天课间收作业，做记录，有条不紊。上课时，她专心听讲，作业也做得认真。老师都夸赞她责任心强、积极向上，我不禁暗自欣喜，仿佛看到了"吾家有女初长成"的美好画面。记得刚入学时，她梳着可爱的发型，声音响亮清脆，惹人喜爱，但她却常常不能按时完成作业。有一次，她告诉我作业又找不到了。放学时，我把她留了下来。她站在座位旁，一脸无辜，头发乱蓬蓬的，地上是凌乱的书包。我又急又无奈，手把手教她如何记作业和整理书包。不知从何时起，上课时她变得积极回答问题，常常受到表扬，后来还担任了小组长和英语课代表。谁能想到，如今自信从容的她，曾是那个丢三落四的小女孩呢？

几乎每个见到小C的老师都会问我："你们班那个穿蓝（灰）衣服的是男孩还是女孩？"我很纳闷："当然是女孩啊，她只是喜欢穿中性色彩的衣服而已。"小C上课时回答问题非常积极。她的作文也写得不错，将日常生活中的小事娓娓道来，充满童真与趣味。教数学的李老师休假时，她还写了两首诗表达思念之情，情真意切。说到这里，你可能会认为她是让老师省心的好学生，但事实并非如此。上课时，她不举手的时候，会偷偷写晚上的作业，甚至和同学说话，其中最严重的问题还是"撒谎事件"。

前一阵子，学校规定学生不能在校门口购买零食。有一天，有学生告诉我小C买了零食。我把她叫到教室前询问，她一脸无辜地说："没有，我没有买。"难道是我弄错了？我再次询问她，她大呼冤枉："老师，我真的没有买，我从来没有带过钱到学校。"看着她坚定的样子，我不动声色，只说："下课后单独找我吧。"课间，我注视着她，问："到底怎么回事儿？"这时，她的眼泪簌簌而下，终于承认买零食了。她之所以撒谎，是因为害怕老师告诉家长，担心本就身体不好的爸爸知道这件事后气坏了身体。她也害怕老师当众批评她。听到这些，我陷入沉思：我们允许孩子犯错误，但孩子犯错后的处理方式是否过于简单粗暴？于是我拉起她的手说："不要害怕，每个人都会犯错误，这是成长的过程。不过，我们在知错后要勇于承认错误，勇于承担责任。你担心爸爸生气，说明你体贴父母，是个懂事孝顺的孩子。你不愿老师当众批评你，是在提醒老师采用更适合的教育方式，老师要谢谢你。"我想到了陶行知先生四块糖果的故事，办公室的桌子上有一个苹果，我拿起苹果递给她，说："老师要奖励你一个苹果。"她哭得更厉害了，哽咽着说："老师，我错了……"

小D是在三年级时转班过来的，我第一次看到他时，他就是一副愁眉苦脸的样子。确实，他语文听写错误的和正确的词语数量几乎相当；其他同学的作业早已完成，而他才刚写完第一题……针对这些情况，我及时与他的爸爸妈妈沟通，并一起想了很多办法。记得在四年级时，我要上《飞向蓝天的恐龙》的公开课。但那时的我对恐龙的知识一无所知。于是，我发动全班同学收集有关恐龙的资料。结果小D带来的资料最多，而且是整理好的两本厚厚的精美画报。为了让大家了解恐龙，他把心爱的画报拆开，贴在黑板上，滔滔不绝地给我们讲解有关恐龙的知识。他的责任心特别强。虽然我只布置了一次每天到校后整理桌凳的任务，但他从不需要再提醒，每天都会自觉地整理全班的桌凳。渐渐地，他完成作业的情况也有所改善……

　　还有小 E、小 F……就像春雨沙沙歌唱，像阳光普照大地，像彩虹五彩斑斓，像花儿美丽动人！我愿意用心呵护每一朵花，静静等待它们的绽放。

用智慧塑造阳光少年

张淑英

教育是师生共同成长的过程。在这个过程中，如果我们教师善于选择角度，善于变换视角，就会越来越有智慧，而我们的学生也会变得更加阳光。

有一次，刚下体育课，阳阳气冲冲地找到我说：“体育老师让我们分组练习，我负责检查动作，我让小宇把腿抬高，但他不听我的。”我把小宇叫了过来，他也很生气地说：“我负责管理纪律，我让阳阳进队，但他不听。”原来是这么回事。

随后，我把他们带到镜子前，让他们对着镜子微笑。我问：“你们看到了什么？”他们回答：“看到镜子里的我在笑。”我继续问：“那你们对着镜子噘嘴生气，看看又看到了什么？”他们说：“我们生气的样子。”我点头说：“确实如此，别人就像你的一面镜子。你对着他笑，他也会回以微笑。你支持别人的工作，别人也会支持你的工作。如果你不尊重别人，别人也会以同样的方式对待你。今天，你们不就已经尝到其中的滋味，体会到其中的苦恼了吗？以后再遇到这样的情况，你们知道应该怎么做了吗？”阳阳对小宇说：“下次我一定会支持你，听你的。”小宇不好意思地低下头说：“下次我也会支持你，听你的。”我让他们握手言和，并鼓励他们：“下次合作愉快，你们一定会练得很好的。”我笑了，他们也不好意思地笑了。

对于我们成年人来说，这可能是很简单的道理，但对孩子们而言，却仿佛隔着一层窗户纸。如果不捅破，他们可能很难明白。当我们的学生遇到困难，或在犯错后找到你时，作为教师，我们一定要理解他们，站在他们的角度去思考问题。当遇到问题时，换个角度，用我们富有感染力的语言和行动去触动孩子们的心灵。我相信，这样做会让孩子们更加健康、阳光、快乐。

关于如何做好学生道德教育的几点思考

崔　静

在传统教学中，往往注重的是知识的传授。随着新课程改革的推行，教师需要转变观念，以人为本，强调学生的全面发展。这一改革不仅关注学生的创新能力和实践能力，还侧重培养他们的信息处理能力、新知识的获取能力、分析解决问题的能力以及交流与合作的能力。同时，教育也应当培养学生对自然和社会的责任感，让每位学生拥有健康的身心、良好的品质以及终身学习的愿望，提升他们的科学技能和人文素养，并使他们养成健康的审美情趣和生活方式，从而实现全面发展。如何做好道德教育？我们可以从以下几个方面进行探索。

第一，从"注重知识传授"转向"注重学生的全面发展"。教育是一项具有目标性、计划性的活动，旨在传播知识与技能，培养思想品德，发展智力和体力。教育活动具有社会性、个体性以及教育性。教育的核心价值是育人，是"铸人铸魂"。教育的最大特点在于将受教育者视为具有主观能动性的个体，立足于人的生命整体，使受教育者的知识、能力、体魄、个性、创造性以及社会适应性都得到良好的发展。教育是一项复杂的社会活动，但其方向性和目的性决定了道德教育在各项教育属性中占据着重要地位。著名教育家陶行知先生说："千教万教教人求真，千学万学学做真人。"他强调教师的责任不仅在于传授知识，更在于教导学生如何为人处世。世界著名教育家艾伦·德瓦艾特认为，教育有两个目的，一个是要使学生变得聪明，一个是要使学生做有道德的人。爱因斯坦在《论教育》中指出，学校的目标应是让学生成为一个有和谐个性的人，而不仅仅是一个学科专家。因此，教育要有全局观念，不仅是传授专业知识和技能，更要注重学生的综合素质的培养。

第二，以教师自身的行为为学生树立榜样。"德高为师，身正为范。"教师的道德示范在教育过程中具有独特的感染力。教师应体现服务精神、奉献精神、敬业精神和团队合作精神。教师的身教是一种潜移默化的影响，在学生的德育发展中起着至关重要的作用。如果缺乏教师的"身教"，真正的德育将无从谈起，学校教育也无法实现其德育目的。

第三，在课堂教学中渗透德育。"文以载道，文道结合"。传授知识的同时对学生进行德育，将思想教育与知识传授相结合，不仅融思想教育与知识于一体，还体现了"快乐教育"的特点，具有很强的说服力和深刻的感受力。教师可以充分利用教材中的思想性来增强其感染力。在教师的启发与引导下，学生结合自身实际进行思考和讨论，在思考和讨论中实现自我升华。

第四，突出语言教学的情感。情感在各科的教学中扮演着重要角色。积极健康的情感能够激发学生的内驱力。子曰："亲其师，信其道。"如果学生喜欢某位老师，他们很可能会对这门学科产生兴趣。苏霍姆林斯基指出："学校的学习不是毫无热情地把知识从一个头脑里装到另一个头脑里，而是师生之间每时每刻都进行心灵接触。"这表明，课堂教学不仅是知识信息的交流过程，更是师生情感的互动过程。教师的教学态度是情感交流的桥梁。只有建立良好的师生关系，在和谐愉快的氛围中学习，才能更好地提高学生的学习效率。教师的一个微笑、一个赞许，都能给予学生信心。学生通过热爱老师而热爱老师所教的学科，正是"爱屋及乌"的道理。

第五，授课中要注重语言的美感。苏霍姆林斯基说："教师的教学语言修养在极大程度上决定着学生在课堂上脑力劳动的效率。"教师的语言艺术水平直接影响课堂教学的质量。教师自然流畅的语调与抑扬顿挫的节奏能够为学生营造良好的语言学习环境，确保教学信息在传递过程中发挥最佳效能。同时，在潜移默化的熏陶下，能培养学生良好的语音语调。教学语言不仅要具备形象性和准确性，还应追求韵律感、幽默感和新鲜感。教师不应总是面带严肃的表情，这样会让学生感到紧张。教师应善用幽默的语言来引导学生，将趣味与理性结合起来。教育家斯维特洛夫认为，教育家的最主要、也是第一位的助手是幽默。语言的创新性也很重要，新颖的语言能有效激发学生的探究活动，保持他们旺盛的求知欲。语言的优美性同样重要，自然美和人文美能够触动学生的心灵，而教师优美的语言能在情感上与学生产生共鸣。美的语言悦耳动听，能够激发学生的兴趣，使其更容易接受和理解。

课程改革给教师带来了挑战与机遇。在新的课程体系下，教师应面向全体学生，注重实施个性化教学。在教学过程中，教师不仅是知识的传播者，更应展现崇高的师德，发挥育人的功能。教师要培养学生掌握和运用知识的能力，激发他们的创造潜能。同时，教师还要帮助学生学会在实践中学习、在合作中成长，为他们的终身学习奠定坚实的基础。

后记

幸福路上，
我们结伴而行

2010年10月，我调入新苑小学担任副校长，荣幸地加入了张恒校长的领导班子。一路走来，我深刻感受到张恒校长高调做事、低调做人的智慧，以及他以人为本、孜孜以求的精神。在这段岁月中，我们共同见证了新苑小学的成长与变革，共同继承过去、发展现在、开创未来。

"择一事终一生，既然我们选择了教育，就踏踏实实去研究怎么发展人！"这是张恒校长在教师大会上常常提到的话。他以身作则，深入研究新苑小学的历史与现状，尊重事实，重视教师和学生的意见，致力于建立适合学校发展的文化。在经过多次讨论与研究后，我们将"和"作为学校的核心价值追求，以"幸福工作，快乐成长"为办学理念，持续积淀与深化学校内涵，共同营造和谐、自由、开放、包容的育人文化。学校一方面通过文化思想影响和带动师生的和谐发展；另一方面，围绕激发教师潜能、促进学生主动学习，逐步建立起一系列评价机制。学校成立了校级课题科研小组，每学年制定"新苑小学科研规划与选题指南"，为教师的科学研究提供参考。校园里经常会看到语文课上师生走进图书馆；数学课上，学生们在操场上进行测量；音乐课上，老师和学生一起在树下聆听……

在张恒校长的领导下，师生们在新苑文化的浸润下成长，用自己的故事丰富新苑多彩的篇章，打造幸福快乐的"新苑乐园"。每位老师都能在这里追求自己的教育理想与情怀；每个孩子都能在这里拥有美好的童年与梦想，想画就画、想唱就唱。师生共同践行"以和至美，和而不同"的校训，用行动彰显"心随我愿，和融共进"的新苑之风。

我们感恩这个时代，让我们能够抒发自己的教育情怀，实践自己的教育理念；我们感恩我们的团队，大家团结协作、共同探索，用责任与爱心推动学校的发展，深入推进课堂改革；我们感恩我们的孩子，他们的点滴成长令我们欣慰，他们的笑脸让我们的校园充满灿烂的阳光。

"做教育就要做有价值的教育，培养人就要成就全面发展的人，办学校就要办有思想的学校。"这是张恒校长的办学愿景。为了提升教师队伍的实践能力和技能，他号召每个年级组成立至少两个学习小组，每周梳理"一学三得"。同时，他还提出将书籍作为教师的奖励，鼓励教师多读书，丰富自己的思想内涵，为引领学生成长做好知识储备。他希望新苑小学的每位师生都能带走新苑的印记，传播新苑的精神。

"学习不辍，广泛交流，才能提升自己，才能配得上我们的职业。"张恒校长始终践行这句箴言。他在不断学习与发展的同时，也带领整个团队共同进步。他强调："我们要把育人思想和教育过程中的亮点记录下来，并不断回望曾经付出的年华。"是的，他计划编写一本书，既是对自己这段办学经验的总结，也是对每一位在新苑"和文化"的浸润下感悟生活幸福、体验成长快乐的教师的回应。

我有幸参与了本次书稿的整理工作。在整理过程中，我深刻体会到教师幸福工作的真实意义。教师们在一线辛勤耕耘，用心用情陪伴着自己的学生，同时积极践行学校的文化思想，"和"入课堂、"和"悦活动、"和"谐各种关系，共同营造出一个团结互助、携手发展的良好氛围。

教师们积极表达、热情参与，这不仅是学校文化积极影响的体现，更是他们爱岗敬业精神的集中展示。我衷心感谢张恒校长的信任与支持！也感谢新苑小学每一位愿意分享教育故事的老师！教育是一段没有尽头的旅程，我们期待有更多的同行者与我们携手并进。

焦 敬

2024 年 3 月 26 日